中国法院2024年度案例

国家法官学院　最高人民法院司法案例研究院／编

提供劳务者受害责任纠纷

中国法制出版社
CHINA LEGAL PUBLISHING HOUSE

《中国法院2024年度案例》通讯编辑名单

刘晓虹　北京市高级人民法院
王　凯　北京市高级人民法院
张　荷　天津市高级人民法院
徐翠翠　河北省高级人民法院
崔铮亮　山西省高级人民法院
杨智勇　内蒙古自治区高级人民法院
周文政　辽宁省高级人民法院
苏　浩　吉林省高级人民法院
王　妍　黑龙江省高级人民法院
牛晨光　上海市高级人民法院
缪　芳　江苏省高级人民法院
左一凡　江苏省高级人民法院
谷昔伟　江苏省南通市中级人民法院
宋婉龄　江苏省无锡市中级人民法院
杨　治　浙江省高级人民法院
蒋　莹　浙江省高级人民法院
刘伟玲　安徽省高级人民法院
林冬颖　福建省高级人民法院
李智芹　江西省高级人民法院
李　宁　山东省高级人民法院
张　琦　河南省高级人民法院
宋淼军　湖北省高级人民法院
黄　娅　湖北省宜昌市中级人民法院
唐　竞　湖南省高级人民法院
李　雪　广东省高级人民法院
邹尚忠　广西壮族自治区高级人民法院
韦丹萍　广西壮族自治区高级人民法院
黄文楠　海南省高级人民法院
吴　小　重庆市高级人民法院
任　梦　四川省高级人民法院
杨俊杰　云南省高级人民法院
赵鸿章　云南省昆明市中级人民法院
颜　源　贵州省高级人民法院
戚　雷　贵州省贵阳市中级人民法院
王丽萍　西藏自治区高级人民法院
郑亚非　陕西省高级人民法院
张旦旦　甘肃省高级人民法院
王　晶　青海省高级人民法院
康　莹　宁夏回族自治区高级人民法院
石孝能　新疆维吾尔自治区高级人民法院
洪超胜　新疆维吾尔自治区高级人民法院生产建设兵团分院

序

党的二十大擘画了全面建成社会主义现代化强国、以中国式现代化全面推进中华民族伟大复兴的宏伟蓝图，强调全面依法治国是国家治理的一场深刻革命，必须更好发挥法治固根本、稳预期、利长远的保障作用，在法治轨道上全面建设社会主义现代化国家。为落实习近平总书记“一个案例胜过一打文件”的重要指示精神，人民法院始终把完善中国特色案例制度，加强司法案例研究作为推进全面依法治国、支撑和服务中国式现代化的重要途径，通过发布具有普遍指导意义的典型案例，统一法律适用、提高审判质效，提升司法公信力，努力让人民群众在每一个司法案件中感受到公平正义。为更好满足社会各界和人民群众多元化司法需求，把习近平法治思想落实到人民法院审判工作全过程各方面，人民法院案例库于 2024 年 2 月 27 日正式上线并向社会开放，这是进一步完善中国特色案例制度的重要举措，是最高人民法院推出的新的“公共法律服务产品”。

“中国法院年度案例系列”丛书以及时记录人民法院司法审判工作新发展、新成就为己任，通过总结提炼典型案例的裁判规则、裁判方法和裁判理念，发挥案例鲜活生动、针对性强的优势，以案释法，以点带面，有针对性地阐释法律条文和立法精神，促进社会公众通过案例更加方便地学习法律，领悟法治精神，发挥司法规范、指导、评价、引领的重要作用，大力弘扬社会主义核心价值观，积极服务人民法院案例库建设，加强案例库案例研究，促进统一法律适用、提升审判质效，丰富实践法学研究，增强全民法治意识和法治素养，展现新时代我国法治建设新成就。

“中国法院年度案例系列”丛书自 2012 年编辑出版以来，已连续出版 13 年，受到读者广泛好评。为更加全面地反映我国司法审判执行工作的发展进程，顺应审判执行实践需要，响应读者需求，丛书于 2014 年度新增金融纠纷、行政纠纷、刑事案例3个分册，2015年度将刑事案例调整为刑法总则案例、刑法分则案例2个分册，2016年度新增知识产权纠纷分册，2017年度新增执行案例分册，2018年度将刑事案例扩充为4个分册，2022年度将土地纠纷（含林地纠纷）分册改为土地纠纷（含环境资源纠纷）分册。自2020年起，丛书由国家法官学院与最高人民法院司法案例研究院共同编辑，每年年初定期出版。在全国各级人民法院的大力支持下，丛书编委会现编辑出版《中国法院2024年度案例系列》丛书，共23册。

“中国法院年度案例系列”丛书以开放务实的态度、简洁明快的风格，在编辑过程中坚持以下方法，努力让案例书籍“好读有用”：一是高度提炼案例内容，控制案例篇幅，每个案例字数基本在3000字左右；二是突出争议焦点，尽可能在有限的篇幅内为读者提供更多有效、有益的信息；三是注重释法说理，大多数案例由法官撰写“法官后语”，高度提炼、总结案例的指导价值，力求引发读者思考，为司法审判提供借鉴，为法学研究提供启迪。

“中国法院年度案例系列”丛书编辑工作坚持以下原则：一是以研究案例库案例为首要任务。自今年起，“中国法院年度案例系列”丛书优先选用人民法院案例库案例作为研究对象，力求对案例库案例裁判要旨的基本内涵、价值导向、法理基础、适用要点等进行深入分析，增强丛书的权威性、参考性。二是广泛选编案例。国家法官学院和最高人民法院司法案例研究院每年通过各高级人民法院从全国各地法院汇集上一年度审结的典型案例近万件，使该丛书有广泛的精选基础，通过优中选优，可提供给读者新近发生的全国各地多种类型的典型性、疑难性案例。三是方便读者检索。丛书坚持以读者为本，做到分卷细化，每卷案例主要根据案由（罪名）分类编排，每个案例用一句话概括裁判规则、裁判思路、裁判理念、裁判方法或焦点问题作为主标题，让读者一目了然，迅速找到目标案例。

中国法制出版社始终全力支持“中国法院年度案例系列”丛书的出版，给了编者们巨大的鼓励。2024年，丛书将继续提供数据库增值服务。购买本书，扫描前勒口二维码，即可在本年度免费查阅往年同类案例数据库。我们在此谨表谢忱，并希望通过共同努力，逐步完善，做得更好，探索出一条充分挖掘好、宣传好人民法院案例库案例和其他典型案例价值的新路，为广大法律工作者和社会公众提供权威、鲜活、精准的办案参考、研究素材，更好地服务司法审判实践、服务法学教育研究、服务法治中国建设。

"中国法院年度案例系列"丛书既是法官、检察官、律师等法律工作者的办案参考和司法人员培训辅助教材，也是社会大众学法用法的经典案例读本，同时也为教学科研机构开展案例研究提供了良好的系列素材。当然，编者们在编写过程中也难以一步到位实现最初的编写愿望，客观上会存在各种不足甚至错误，欢迎读者批评指正。我们诚心听取各方建议，立足提质增效，不断拓宽司法案例研究领域，创新司法案例研究方法，助推实现中国特色司法案例研究事业的高质量发展。

国家法官学院　最高人民法院司法案例研究院

2024 年 5 月

目　录

Contents

一、劳务关系的确定

二、雇佣关系与承揽关系的区分

三、雇主与提供劳务者的责任划分

四、雇主与其他被告、第三人之间的责任划分

五、赔偿协议与标准

六、义务帮工的认定与责任承担

一、劳务关系的确定

1

众包骑手劳务关系的认定

——沈甲诉上海人力资源管理江苏公司等
提供劳务者受害责任案

【案件基本信息】

1. 裁判书字号

北京市通州区人民法院（2021）京0112民初43869号民事判决书

2. 案由：提供劳务者受害责任纠纷

3. 当事人

原告：沈甲

被告：上海人力资源管理江苏公司、河南网络技术公司、上海科技公司

【基本案情】

上海科技公司系某众包（兼职配送赚钱）平台的实际运营方。2020年1月1日，上海科技公司与上海人力资源管理江苏公司达成《平台服务协议》，约定由上海科技公司为上海人力资源管理江苏公司提供众包平台服务，网约配送员系与上海人力资源管理江苏公司形成服务关系。2020年4月，沈甲在某众包平台注册成为网约配送员，并签署《网约配送员协议》《众包平台服务协议》。经

查，沈甲在注册时签署的《网约配送员协议》《众包平台服务协议》版本，应为本案审理过程中上海科技公司提交的上述两份协议的版本。《网约配送员协议》载明，该协议签约主体为网约配送员与上海人力资源管理江苏公司，网约配送员自主选择接收服务事项，并在接单后及时完成配送服务并收取上海人力资源管理江苏公司支付的服务费或奖励。《众包平台服务协议》约定众包平台作为服务平台，是为用户、劳务公司和众包员之间提供互通信息的平台。

2020年5月8日22时左右，沈甲在骑车送单后返程途中不慎摔倒受伤，后经医院诊断为右胫骨骨折并住院治疗。庭审中，沈甲认可其骑行的车辆为自行购买的二手电动自行车，骑行时未佩戴相应护具。2021年9月24日，沈甲自行委托北京某司法鉴定所（以下简称鉴定所）对己方伤情进行鉴定。经鉴定，沈甲所受损伤属十级伤残（赔偿指数10%）。

另查，2021年6月在北京地区，上海人力资源管理江苏公司与河南网络技术公司进行主体切换，即2021年6月以后为众包骑手通过某众包平台与河南网络技术公司达成《网约配送员协议》。

沈甲认为其与上海人力资源管理江苏公司、河南网络技术公司签订《网约配送员协议》并提供劳务，同时，遵守某众包平台相关要求，实际为上海科技公司提供劳务。故沈甲主张由上海人力资源管理江苏公司、河南网络技术公司、上海科技公司承担赔偿责任。

【案件焦点】

1. 原被告之间的法律关系如何认定；2. 如认定原被告之间成立劳务关系，原被告该如何分责。

【法院裁判要旨】①

北京市通州区人民法院经审理认为：劳务关系是指用人单位或个人与劳动者依据民事法律规范，口头或书面约定由劳动者向另一方提供一次性或特定的

① 本书【法院裁判要旨】适用的法律法规等条文均为案件裁判当时有效，下文不再对此进行提示。

劳务，另一方依约向劳动者支付报酬的一种有偿服务的权利义务关系。本案中，沈甲与上海人力资源管理江苏公司之间签订《网约配送员协议》，为上海人力资源管理江苏公司提供劳务，故沈甲与上海人力资源管理江苏公司之间存在劳务关系。关于上海人力资源管理江苏公司提出的事发时沈甲不在接单送餐期间的抗辩意见，法院认为，上海人力资源管理江苏公司对于上述主张并未完成举证责任，且结合网约配送员工作灵活性的特点，应当认定，沈甲在接单、送单、送单返家或返回原接单地点过程中，均为提供劳务期间。

沈甲与上海科技公司之间不存在合同关系。本案中，上海科技公司系平台运营方，沈甲与上海科技公司之间不存在从属性关系，且上海科技公司不为沈甲支付劳务费，亦非接受沈甲劳务的一方，故沈甲与上海科技公司之间不存在合同关系。

沈甲与河南网络技术公司之间不存在合同关系。沈甲发生事故时，上海人力资源管理江苏公司与河南网络技术公司尚未进行主体切换。故事发时，沈甲与河南网络技术公司之间不存在合同关系。

提供劳务一方因劳务自己受到损害的，根据双方各自的过错承担相应的责任。上海人力资源管理江苏公司作为雇主，未要求、检查众包配送员佩戴头盔等护具，疏于管理，存在过错，应承担相应责任。但沈甲系年满 18 周岁的成年人，在骑行过程中，应对自己的安全具有高度注意义务，且沈甲存在未佩戴头盔护具等交通违法行为，故沈甲对本次事故应承担相应责任。综合本案案情及双方过错程度，法院认定，上海人力资源管理江苏公司承担 30%责任，沈甲承担 70%责任。关于沈甲的合理损失，结合本案证据及查明的事实，经核算，法院酌定沈甲所受各项损失合计 109268 元。结合双方责任情况，上海人力资源管理江苏公司应赔偿沈甲各项损失合计 32780. 4 元。沈甲主张河南网络技术公司、上海科技公司承担连带责任，证据不足，法院不予支持。

北京市通州区人民法院依据《中华人民共和国侵权责任法》第十六条、第三十五条，《最高人民法院关于审理人身损害赔偿案件适用法律若干问题的解释》第七条至第十二条，《中华人民共和国民事诉讼法》第六十七条第一款规定，判决如下：

一、上海人力资源管理江苏公司于本判决生效之日起七日内赔偿沈甲住院伙食补助费等各项损失共计32780.4元；

二、驳回沈甲的其他诉讼请求。

判决作出后，当事人未上诉，判决已经发生法律效力。

【法官后语】①

在外卖众包配送模式下，存在三方主体，即发包公司、众包平台、众包骑手。此模式下众包骑手的法律关系认定，是本案中值得研究探讨的问题。

一、众包骑手与众包平台之间不具备从属性特征时，双方之间不存在劳动关系

劳动关系双方的显著特征表现为人身隶属性、经济从属性、组织从属性。一般表现为，劳动者接受用人单位管理，受到用人单位规章制度的约束，按照用人单位的要求从事相关工作，工作时间、工作流程、工作模式等均需符合用人单位的要求，劳动者个人在工作过程中的自主性较低。而在本案中，沈甲通过某众包平台注册成为众包骑手，根据《网约配送员协议》《众包平台服务协议》相关约定，沈甲申请注册并经众包平台审核通过后，通过众包平台自主选择、接收服务事项，完成任务事项。上海科技公司未对沈甲的接单数量、工作时间、工作时限等进行约束，未对沈甲的底薪进行约定且报酬不受最低工资标准的限制，沈甲亦不受上海科技公司规章制度的约束。故沈甲作为众包骑手，其与上海科技公司之间并不具备从属性，不符合劳动关系特征，故沈甲与上海科技公司之间不存在劳动关系。

二、众包平台并非接受劳务并支付报酬的一方时，众包骑手与众包平台之间不构成劳务关系

劳务关系是指平等民事主体之间，一方向另一方提供劳务，另一方接受劳务并支付对价而相互形成的权利义务关系。相较于劳动关系，劳务关系的建立具有灵活性。本案中，根据某众包平台的运营方案及服务内容可知，某众包平

---

① 本书【法官后语】对此类法律问题涉及的法律法规等内容进行了时效性更新，下文不再对此进行提示。

台为服务平台，是为用户、劳务公司和众包员之间提供互通信息的平台。上海科技公司作为某众包平台的实际所有人，并非接受沈甲劳务的主体，亦不向沈甲支付劳务对价。故沈甲与上海科技公司之间亦不存在劳务关系。

三、发包公司依据协议接受众包骑手提供的劳务并向其支付一定的报酬或服务费时，双方之间构成劳务关系，而非劳动关系

众包配送模式与传统意义上的外包配送主要差异就在于众包配送模式是利用网络的开放性，将配送任务派发给不确定的众包骑手群体。基于网络的广泛联结，只要具备完全民事行为能力及一些基本条件，就可以在平台上注册成为众包骑手，进而自主决定是否接单及接单数量，并完成配送任务。而对于发包公司而言，其与平台公司达成合作协议时，未来实际提供服务的众包骑手具有不确定性或随时更换的可能。该种模式下，发包公司与众包骑手之间亦不存在明显的从属性关系，众包骑手并非按照发包公司的管理安排和规章制度，定时定量完成工作任务，故发包公司与众包骑手之间不构成劳动关系。

而在众包配送模式下，依据众包骑手与发包公司，发包公司与众包平台之间达成的协议，众包骑手系为发包公司提供劳务，由发包公司向众包骑手支付一定的服务费或报酬。故众包骑手与发包公司之间的关系符合劳务关系的特征，众包骑手与发包公司之间构成劳务关系。

四、众包骑手提供劳务期间的认定以及举证责任分配

众包配送模式呈现着灵活用工的特点，众包骑手接单频次、时间、路线等存在一定的自主性，本身就难以存在某种固定模式，因此，对于众包骑手提供劳务期间的认定，不宜完全以传统工作模式下的劳务期间认定为考量标准。众包骑手往返于接单、送单地点，送单后返家或返回原接单地点的合理路线，均应视为众包骑手在提供劳务期间。如众包骑手、发包公司就众包骑手发生事故时是否处于提供劳务期间发生争议，众包骑手主张其处于提供劳务期间并提供接送单记录等初步证据证明，发包公司就其提出的众包骑手不处于提供劳务期间的抗辩，应承担举证责任。

编写人：北京市通州区人民法院　姜婕

2

外卖骑手等新业态从业者劳动关系认定

——姜某、解某1诉某电子商务有限公司、某电子商务有限公司平阴分公司劳动争议案

【案件基本信息】

1. 裁判书字号

山东省济南市中级人民法院（2022）鲁01民终11174号民事判决书

2. 案由：劳动争议纠纷

3. 当事人

原告（被上诉人）：姜某、解某1

被告（上诉人）：某电子商务有限公司

被告：某电子商务有限公司平阴分公司

【基本案情】

2022年2月11日，某电子商务有限公司（甲方）与解某2（乙方）签订《配送宣传协议》一份，主要载明：由乙方承揽甲方外卖配送活动。解某2自2022年2月11日到某电子商务有限公司平阴分公司处接受上岗培训，2月12日至3月5日从事某平台外卖派送工作。其间，解某2根据某电子商务有限公司平阴分公司的排班表上班，并每天通过手机日程打卡考勤。2022年3月5日21时许，解某2突发疾病到县人民医院治疗，入院体格检查记载：面色口唇紫绀，无自主呼吸。后解某2死亡，于3月9日火化。5月6日，解某2之妻姜某、解某2之女解某1向县劳动人事争议仲裁委员会提出仲裁申请，请求确认解某2和某电子商务有限公司自2022年2月11日至死亡之日存在劳动关系。

该委经审查，作出不予受理的仲裁决定。

【案件焦点】

解某 2 与某电子商务有限公司是否存在劳动关系。

【法院裁判要旨】

山东省平阴县人民法院经审理认为：劳动关系是指用人单位招用劳动者为其成员，劳动者在用人单位的管理下提供由用人单位支付报酬的职业劳动而产生的权利义务关系。确定劳动者与用人单位之间是否存在劳动关系，主要通过认定用人单位和劳动者是否符合法律法规规定的主体资格，劳动者从事的工作是否受到用人单位规章制度的管理，是否接受劳动报酬，以及劳动者提供劳动是否是用人单位业务的组成部分等因素来确定。具体到本案中：首先，某电子商务有限公司系依法登记成立的有限责任公司，具备建立劳动关系的用人单位主体资格。解某 2 亦属于符合法律规定的劳动者。其次，解某 2 根据某电子商务有限公司要求，接受上岗前培训、办理健康证；根据某电子商务有限公司平阴分公司的排班表上班，并每天通过手机日程打卡考勤，缺勤时扣除相应报酬接受公司的好评监督，取得相应的好评报酬；上班时统一着印有相关标识的服饰及配送箱进行配送服务。可以认定解某 2 接受某电子商务有限公司的管理和监督。再次，某电子商务有限公司向解某 2 支付配送费，并辩称配送费是根据《配送宣传协议》计算发放的。经审查，配送费组成包括：基本配送费（包含 450 单）1500 元，基本送单（不包含 450 单）每单 3 元，周末订单每单 4.5 元，好评单（前 300 个 1 元，300 以上部分 2 元），全勤 100 元。其实质属于计件提成的方式计算薪酬，且对考勤及好评进行考核，符合一般劳动关系的特征。最后，解某 2 通过某电子商务有限公司提供的“某平台外卖骑手 APP”接收订单，从事外卖配送工作，该项工作可以认定为某电子商务有限公司的业务组成部分。综上，虽然解某 2 与某电子商务有限公司签订了《配送宣传协议》，对双方的法律关系进行了约定，但是双方之间构成何种法律关系应以案件的实际情况作出认定。根据上述分析，某电子商务有限公司、解某 2 均符合法律法规规定的主体资格，解某 2 从事配送工作接受某电子商务有限公司平阴分公司的管理与监督，提供的劳动系某电子商务有限公司业务的组成部分，且向某电子商务有限公司领取劳动报酬，双方之间成立劳动关系。劳动关系自用工之日即 2022 年 2 月 11 日建立，于 2022 年 3 月 9 日解某 2 火化之日结束，故姜某、解某 1 的诉求于法有据，法院予以确认。

山东省平阴县人民法院依照《中华人民共和国劳动合同法》第七条、第十条，《劳动和社会保障部关于确立劳动关系有关事项的通知》第一条、第二条第二项，《中华人民共和国民事诉讼法》第六十七条的规定，判决如下：

确认姜某之夫、解某 1 之父解某 2 与某电子商务有限公司之间自 2022 年 2 月 11 日起至 2022 年 3 月 9 日止存在劳动关系。

某电子商务有限公司不服一审判决，提起上诉。

山东省济南市中级人民法院同意一审法院的裁判意见，判决：驳回上诉，维持原判。

【法官后语】

随着互联网经济的迅速发展，在“互联网+外卖”的经济驱动下，催生了外卖骑手这一新兴职业。外卖骑手人数众多，外卖骑手这一职业具有就业容量大、门槛低、灵活性及兼职性强的特点，在拓宽就业渠道、增强就业弹性、增加劳动者收入等方面发挥着积极作用。但与此同时，新就业形态亦给劳动关系认定带来了挑战。实践中，骑手与公司往往签订合作协议、合伙分红合同等，使得双方关系难以界定，增加劳动关系的认定难度。有观点认为，平台仅是在骑手与顾客之间提供信息撮合服务，骑手从事配送工作过程中，具体的工作是在手机上通过软件自行抢单，抢单成功后进行配送，进而赚取相应的报酬。公司对骑手工作时间、接单数量不作硬性要求，由此认定，骑手在从事配送工作的具体过程中具有相当的自主性，报酬实际上是按完成的配送任务计算，故认定骑手与公司间不存在劳动关系。

确定劳动者与用人单位之间是否存在劳动关系，要严格依照《劳动和社会保障部关于确立劳动关系有关事项的通知》第一条“用人单位招用劳动者未订立书面劳动合同，但同时具备下列情形的，劳动关系成立。（一）用人单位和劳动者符合法律、法规规定的主体资格；（二）用人单位依法制定的各项劳动规章制度适用于劳动者，劳动者受用人单位的劳动管理，从事用人单位安排的有报酬的劳动；（三）劳动者提供的劳动是用人单位业务的组成部分”的规定进行审查，具体案件具体分析。通过认定用人单位和劳动者是否符合法律、法规规定的主体资格，劳动者从事的工作是否受到用人单位规章制度的管理，是否接受劳动报酬，以及劳动者提供劳动是否是用人单位业务的组成部分等因素来确定。

具体到本案中，首先，用人单位与员工签订《配送宣传协议》约定双方同意合作，由骑手解某2承揽某电子商务有限公司外卖配送活动，双方系平等的合作主体。其次，劳动关系区别于其他法律关系的一个重要特征为劳动者与用人单位之间具有隶属性，即劳动者受用人单位规章制度约束，接受用人单位的管理指挥。法院通过审查认定，某电子商务有限公司具备用人单位主体资格；并着重审查了解某2与某电子商务有限公司之间是否具有隶属性，经审查解某2根据被告公司要求，接受上岗前培训、办理健康证；根据某电子商务有限公司平阴分公司的排班表上班，并每天通过手机日程打卡考勤，缺勤时扣除相应报酬；接受公司的好评监督，取得相应的好评报酬；上班时统一着印有相关标识的服饰及配送箱进行配送服务。可以认定解某2接受某电子商务有限公司的管理和监督。再次，某电子商务有限公司向解某2支付配送费，配送费组成包括：基本配送费（包含450单）1500元，基本送单（不包含450单）每单3元，周末订单每单4.5元，好评单（前300个1元，300以上部分2元），全勤100元。其实质属于计件提成的方式计算薪酬，且对考勤及好评进行考核，符合一般劳动关系的特征。最后，解某2通过某电子商务有限公司提供的“某平台外卖骑手APP”接收订单，从事外卖配送工作，该项工作可以认定某电子商务有限公司的业务组成部分。故法院对本案双方之间存在劳动关系作出了认定。

编写人：山东省平阴县人民法院　赵芳

3

弹性工作制职工下班途中发生交通事故致他人受损不应认定为履行职务行为

——中国甲财产保险股份有限公司常熟中心支公司诉沈某甲等保险人代位求偿权案

【案件基本信息】

1. 裁判书字号

江苏省苏州市中级人民法院（2022）苏05民终7484号民事判决书

2. 案由：保险人代位求偿权纠纷

3. 当事人

原告：中国甲财产保险股份有限公司常熟中心支公司

被告（上诉人）：沈某甲

被告（被上诉人）：常州某汽车服务有限公司

被告：芜湖某汽车公司、乙财产保险股份有限公司郑州航空港经济综合实验区中心支公司（以下简称乙财保郑州航空港中心支公司）、某汽车租赁公司、某饮料公司

【基本案情】

案外人朱某1驾驶的苏EX83××小型客车（所有权人为江苏某数控机械公司），向中国甲财产保险股份有限公司常熟中心支公司投保了机动车商业保险（含机动车损失保险，保险金额480704元），保险期为自2019年2月2日0时至2020年2月2日0时。沈某甲驾驶的皖BD024××小型新能源汽车，在乙财保郑州航空港中心支公司投保交强险（保险期为自2018年11月9日0时至2019

年 11 月 8 日 24 时)。

2019 年 10 月 16 日 19 时 39 分，沈某甲驾驶皖 BD024××小型新能源汽车与朱某 1 驾驶的苏 EX83××小型客车在苏州工业园区星湖街发生碰撞，造成车辆受损。经交通警察大队认定，沈某甲负事故全部责任。事故发生后，中国甲财产保险股份有限公司常熟中心支公司对苏 EX83××小型客车定损 56500 元。苏州某汽车销售服务有限公司为该车辆提供修理服务，并开具发票共计 56500 元。中国甲财产保险股份有限公司常熟中心支公司于 2019 年 11 月 8 日向被保险人江苏某数控机械公司支付 56500 元，并取得了该公司转让的索赔权。

另查明，皖 BD024××小型新能源汽车所有权人登记为芜湖某汽车公司。2018 年 11 月 29 日，某汽车租赁公司将涉案车辆出卖给常州某汽车服务有限公司，支付方式为分期付款，所有权保留。2019 年 1 月 23 日车辆完成交接。事故发生时，车辆款项未全部支付。芜湖某汽车公司系某汽车租赁公司的全资子公司。

2020 年 2 月 26 日，乙财保郑州航空港中心支公司向芜湖某汽车公司支付 2100 元，并备注苏 EX83××、皖 BD024××。

事故发生时，沈某甲系某饮料公司业务员，双方于 2018 年 11 月 1 日签订《劳动合同》一份，约定：沈某甲系某饮料公司外派销售人员，具体工作地点具有不固定性，工作地点将包含江苏等多个区域；合同期限自 2018 年 11 月 1 日至 2021 年 10 月 30 日止；双方同意采用不定时工作制。另双方当庭确认，某饮料公司未给予沈某甲配制车辆，仅给予每月 300 元的交通补助；某饮料公司使用小程序对销售人员进行上下班打卡，2019 年 10 月 16 日 17 时 55 分 50 秒沈某甲完成当日最后一家客户的拜访。又查明，2019 年 5 月 22 日，常州某汽车服务有限公司将涉案车辆出租给谢某甲，租赁期限自 2019 年 5 月 23 日至 2020 年 6 月 22 日，共 13 个月，年租金 24000 元。

【案件焦点】

1. 交通事故中车辆所有权人、管理人、驾驶人并非同一人，应如何承担责任；2. 员工下班途中致他人受损，能否认定为职务行为，雇主是否应承担责任；3. 能否在同一件案件中处理两种以上法律关系。

【法院裁判要旨】

江苏省苏州工业园区人民法院经审理认为：《中华人民共和国民法典》施行前的法律事实引起的民事纠纷案件，适用当时的法律、司法解释的规定，但是法律、司法解释另有规定的除外。本案侵权行为发生于《中华人民共和国民法典》施行前，故本案应当适用《中华人民共和国侵权责任法》。

根据法律规定，交通事故中承担责任一方应向受损一方承担赔偿责任，如已经投保交强险、商业险，可由保险公司依法代为赔付。受损失一方也可要求自己投保的保险公司先行赔付赔偿款，再由该保险公司进行代位求偿。本案中，中国甲财产保险股份有限公司常熟中心支公司依法向保险客户垫付理赔款后，依法取得向肇事方及肇事方车辆投保的保险公司进行代位求偿的权利，本案系保险人代位求偿权纠纷。《中华人民共和国侵权责任法》第四十九条规定，因租赁、借用等情形机动车所有人与使用人不是同一人时，发生交通事故后属于该机动车一方责任的，由保险公司在机动车强制保险责任限额范围内予以赔偿。不足部分，由机动车使用人承担赔偿责任；机动车所有人对损害的发生有过错的，承担相应的赔偿责任。事故中沈某甲驾驶的皖 BD024××小型新能源汽车向乙财保郑州航空港中心支公司投保交强险，事故后乙财保郑州航空港中心支公司向被保险人芜湖某汽车公司支付交强险理赔，为避免诉累，应由芜湖某汽车公司向中国甲财产保险股份有限公司常熟中心支公司支付该交强险理赔款 2000 元。

本案芜湖某汽车公司确认肇事车辆在事故前与常州某汽车服务有限公司签订《汽车销售合同》，双方之间形成的是所有权保留的分期付款买卖合同关系。如常州某汽车服务有限公司付清了购车款仍不办理车辆过户手续，则双方可转化为挂靠关系，但至案发时双方仍为买卖合同关系，未转换为挂靠关系，中国甲财产保险股份有限公司常熟中心支公司亦未提供其他证据证明双方的挂靠关系，故根据《最高人民法院关于购买人使用分期付款购买的车辆从事运输因交通事故造成他人财产损失保留车辆所有权的出卖方不应承担民事责任的批复》的规定，芜湖某汽车公司、某汽车租赁公司作为出卖方不应承担责任，中国甲财产保险股份有限公司常熟中心支公司对该二公司的诉讼请求，法院不予支持。

中国甲财产保险股份有限公司常熟中心支公司要求常州某汽车服务有限公司作为车辆实际所有权人承担该事故的赔偿责任，但并未举证证明机动车所有人将有缺陷的车辆交给驾驶员，或者该车辆驾驶员无驾驶资格，亦未证明常州某汽车服务有限公司作为车主对该损害的发生具有其他过错，故对于中国甲财产保险股份有限公司常熟中心支公司的该项诉请，法院亦不予支持。

沈某甲抗辩称常州某汽车服务有限公司承诺已为车辆投保商业险，应承担赔偿责任，因无证据证明，法院不予采纳。某饮料公司抗辩称事故发生时段沈某甲虽系该公司员工，但事故发生时系其最后拜访客户后回家途中，并非职务行为；且沈某甲借用供货商汽车系个人行为，与公司无关，应由其个人承担责任。经查，事故发生时段，沈某甲系某饮料公司业务员，但当天已完成工作内容，已完成履职行为，故某饮料公司的抗辩意见，法院予以采纳。综上，应由肇事驾驶员沈某甲承担交强险不足部分，且诉讼费用应由沈某甲负担。

江苏省苏州工业园区人民法院依照《最高人民法院关于适用〈中华人民共和国民法典〉时间效力的若干规定》第一条，《中华人民共和国侵权责任法》第六条、第四十八条、第四十九条，《中华人民共和国保险法》第十七条、第六十条、第六十五条，《最高人民法院关于审理道路交通事故损害赔偿案件适用法律若干问题的解释》第一条、第十六条，《中华人民共和国民事诉讼法》第六十七条、第一百四十七条之规定，判决：

一、芜湖某汽车公司于本判决生效之日起十日内支付中国甲财产保险股份有限公司常熟中心支公司交强险理赔款 2000 元；

二、沈某甲于本判决生效之日起十日内支付中国甲财产保险股份有限公司常熟中心支公司 54500 元；

三、驳回中国甲财产保险股份有限公司常熟中心支公司的其他诉讼请求。

沈某甲不服一审判决，提起上诉。

江苏省苏州市中级人民法院经审理认为：本案系保险人代位求偿权纠纷，

本案中国甲财产保险股份有限公司常熟中心支公司向保险客户垫付理赔款后，依法取得向肇事方及肇事方车辆投保的保险公司进行代位求偿的权利。《中华人民共和国侵权责任法》第四十九条规定，因租赁、借用等情形机动车所有人与使用人不是同一人时，发生交通事故后属于该机动车一方责任的，由保险公司在机动车强制保险责任限额范围内予以赔偿。不足部分，由机动车使用人承担赔偿责任；机动车所有人对损害的发生有过错的，承担相应的赔偿责任。本案中，一审法院在判决交付交强险理赔款2000元范围外，由机动车使用人沈某甲承担剩余54500元赔偿责任，并无不当。

沈某甲上诉主张基于常州某汽车服务有限公司承诺为案涉车辆投保商业险故而要求常州某汽车服务有限公司承担赔偿责任，然本案中并无证据证明常州某汽车服务有限公司与沈某甲之间就案涉车辆有上述约定，且即使存在上述合同约定，与本案侵权责任法律关系亦无关联。故沈某甲的上诉主张，法院不予支持。沈某甲亦应自行承担相应的诉讼费用。

江苏省苏州市中级人民法院依照《中华人民共和国民事诉讼法》第一百七十七条第一款第一项规定，判决如下：

驳回上诉，维持原判。

【法官后语】

本案是一起弹性工作制的业务员驾车下班途中发生交通事故致对方车辆受损后，保险公司代位求偿案件。现实生活中，因租赁、借用等情形，使机动车所有人、管理人与使用人不是同一人的情况较为常见。司法实践对于车辆所有权人是否承担责任、承担何种责任，以及弹性工作制职工下班途中损害他人权益，雇主是否应承担责任等方式存有困惑。

一、关于车辆所有权人、管理人、驾驶人是否承担责任问题，承担何种责任问题

现实生活中，因租赁、借用等情形，使机动车所有人、管理人与使用人不是同一人的情况较为常见。对于这一情形，首先，考虑车主是否和司机存在雇佣关系，如车主（公司或者个人）是雇佣司机开车办事过程中发生交通事故，

属于职务行为，由车主负全部赔偿责任，司机不承担赔偿责任。反之，如果不存在雇佣关系，则车主一般不承担赔偿责任。或者虽然是雇佣关系，但司机不是在履行职务行为中发生交通事故，而是在办理个人事务中发生的事故，车主也同样不负责赔偿。其次，如果车主与司机不存在雇佣关系，根据《中华人民共和国民法典》第一千二百零九条“因租赁、借用等情形机动车所有人、管理人与使用人不是同一人时，发生交通事故造成损害，属于该机动车一方责任的，由机动车使用人承担赔偿责任；机动车所有人、管理人对损害的发生有过错的，承担相应的赔偿责任”的规定，应以机动车所有人、管理人是否存在过错为标准，特别在车辆流转过程中，车主是否履行了相关义务。如在车辆交付后、过户前，车主是否尽了看管义务，是否属于任由买家或个人开车的情况，如果属于后者，则车主存在过错，应承担赔偿责任。最后，如果车辆被盗抢期间发生交通事故致人损害，车主不负赔偿责任，保险公司仅在交强险范围内承担赔偿义务。

使用人驾驶机动车发生交通事故，在机动车所有人、管理人存在过错的情况下，该车辆所有人或管理人应承担何种责任？《中华人民共和国民法典》第一千二百零九条就机动车所有人、管理人承担责任的方式作出规定，《最高人民法院关于审理道路交通事故损害赔偿案件适用法律若干问题的解释》第一条就具体的过错情形作出了规定。从上述规定看，在租赁、借用车辆等情形下，机动车使用人与所有人、管理人不一致时，应由机动车使用人作为直接侵权人承担赔偿责任，机动车所有人或管理人承担的是“相应责任”，该相应责任应是与其过错相适应的按份责任，而非连带责任。因连带责任可加重侵权人的责任，法律对此有严格的规定，在有明确规定的情形下，才可适用连带责任，即侵权连带责任法定原则。

本案查明事实后，根据双方提供的证据及庭审当事人陈述，事故的发生由驾驶人沈某甲负全部责任，该车辆已投保交强险，发生事故时正处于保险期间内，车辆的所有权人、管理人不存在过错，不应承担责任。

二、关于弹性工作制职工下班途中损害他人权益，雇主是否应承担责任的

问题

本案驾驶人沈某甲称其系某饮料公司（位于广东）派驻在苏州进行商户派送的业务员，工作内容即前往各个商户进行拜访、送货等工作，并在微信小程序内打卡确定上下班时间，系弹性工作制工作人员。当天其在晚上拜访完最后一个客户后，驾车回家的路上发生交通事故，沈某甲认为系受公司指派回程途中，应系履职期间。某饮料公司认定其已经下班，不能认定为履职期间。

关于下班途中致他人受伤是否属于职务行为，司法实务存在不同理解。有观点认为，根据《工伤保险条例》的规定，上下班途中致自己受伤的，应当认定为工伤，由用人单位进行赔偿。而参考《最高人民法院关于审理人身损害赔偿案件适用法律若干问题的解释》（法释〔2003〕20号）第九条第一款的规定："雇员在从事雇佣活动中致人损害的，雇主应当承担赔偿责任；雇员因故意或者重大过失致人损害的，应当与雇主承担连带赔偿责任。雇主承担连带赔偿责任的，可以向雇员追偿。"劳务关系符合"一方给付劳务，另一方支付报酬"的雇佣关系中心内容，内涵小于雇佣关系，因此，主张用人单位赔偿或单独或共同赔偿受害人损失。

但笔者在处理本案时认为，工伤赔偿是为保护作为相对弱者的劳动者人身利益，法律有意扩张工伤发生范围，并适用无过错赔偿归责原则，但对适用过错赔偿归责原则的人身侵权而言，须严格限定职务行为范围，非有法律明文规定，对两类不同性质的损害赔偿，不得简单套用相关法律规定，所以，对"下班时间"不宜在本案中比照解释为"仍属执行职务时间"，作出了由肇事车辆驾驶员承担赔偿责任的判决。

三、关于一个诉案能否处理多个法律关系的问题

根据《民事案件案由规定》，法院进行立案的过程中，会对原告起诉涉及的法律关系进行分类，确定争议的事情的性质，一般情况下，法院会根据案由确定的法律关系的性质，进行法律关系的审查和判决。因此，原则上一个案件中仅涉及一个法律关系，或者说一诉只审一个法律关系。

但是，诉是民事争议发生时一方当事人向法院提出的关于解决争议的请求，

而诉讼请求所依据的是实体法律关系，即诉讼标的，当事人也可以增加、变更诉讼请求，那么一个诉讼也审理许多个法律关系。

特别是交通事故案件中的垫付款问题以及是否属于职务行为问题的处理，虽然另案处理符合诉讼程序，但如果不能同时判决，势必造成交通肇事后拒绝垫款救人的不利影响，这样不仅背离了公正与效率的原则，而且浪费了司法资源，更不利于维护社会的稳定。因此，选择一并处理是形势所需，其必要性体现在：

1. 有利于减少讼累，节约司法资源。在机动车交通事故责任纠纷案件中，如果法院对垫付费用未作出处理，垫付人依据保险合同向保险公司请求理赔，面临的将是严格的理赔条件和较长的理赔程序，而且保险公司可能以各种理由予以克扣，在这种情况下，如果垫付人选择妥协、退让的态度，自身的权利将得不到充分、有效的保障。如果垫付者通过诉讼渠道解决，而这部分费用保险公司已直接赔付受害者，那么垫付人向受害者主张不当得利返还责任时，可能判决后无法顺利拿到款项，导致诉讼失去实际意义。不管是哪种结果，不仅增加了垫付人的诉累，而且浪费了司法资源。唯有一并处理的方式，才能有效解决一案二讼的问题，最大限度地减少当事人的讼累和节约司法资源。

2. 有利于查清案件事实，公正处理纠纷。在机动车交通事故责任纠纷案件庭审时，包括受害者、肇事车辆的登记车主和实际经营人、投保交强险和商业险的保险公司、肇事者在内的各方当事人，一般都会到庭，双方的举证、质证以及当庭陈述，便于法院准确地查清案件事实，及时作出公正的判决。如果法院错过这种有利的时机，对垫付费用采取冷处理或不处理的方式，那么在随后的保险合同诉讼中，可能会因受害人等关键性人物未到庭，而导致案件事实无法查清，法院据此作出的判决可能会失之偏颇。

3. 有利于传递善良风尚，增添社会正能量。交通事故发生后，对伤者的抢救是刻不容缓的，而且是我们每一个社会成员应尽的义务。肇事者作为事故现场的第一义务人，大部分情况下都会积极地拨打120急救电话，并自觉、主动地垫付医疗费等费用，使受害人得到及时的救治，有效地缓解受害人同肇事者之间的矛盾。如果法院没有对垫付费用一并解决，不仅给垫付人增添了麻烦，也带来了损失。这意味着此种善行得不到支持，久而久之，肇事者观念中形成一个恶性循环，肇事后不愿垫付费用。因为他们认为，如果垫付了费用，可能面临去保险公司理赔的繁琐程序，甚至是不能全额理赔的风险。这无疑会助长社会不良之风。采用一并处理的方式，正确地鼓励他人发生交通事故后积极垫付医疗费等费用，有利于善良风尚的传递，真正给社会增添一份正能量。

总之，在类似交通事故纠纷案件中，一并处理多个法律关系，可以有效减少当事人诉讼成本、查清案件事实，作出公正裁决。

编写人：江苏省苏州工业园区人民法院　费美娟

4

提供劳务的途中发生意外事故不能直接认定为因劳务受到损害

——沈某1等诉王某3、梅某4提供劳务者受害责任案

【案件基本信息】

1. 裁判书字号

江苏省盐城市中级人民法院（2022）苏09民终3517号民事判决书

2. 案由：提供劳务者受害责任纠纷

3. 当事人

原告（上诉人）：沈某1、沈甲、沈某2

被告（上诉人）：王某3、梅某4

第三人（被上诉人）：马某5

【基本案情】

本案所涉事故发生前，马某5为收购西瓜与王某3取得联系，经王某3介

绍射阳临海等地的西瓜，马某5支付相关费用（包括西瓜款及“小工、小车带人、代办”三项费用）。2020年5月28日，因马某5收购的西瓜需要包装上车，王某3即通过郑甲告知崔某6（女，1968年8月1日出生）等人第二天去马某5在射阳临海收购西瓜处包装西瓜，并约定了集合的时间、地点。2020年5月29日凌晨，崔某6等人在王某3家门口集合乘坐郑甲驾驶的苏J××2小型普通客车前往射阳临海包装西瓜，3时许，郑甲驾驶的车辆沿352省道由西向东行驶至15公里+120米处时，驶出路外与路南路灯相撞后翻车，发生交通事故，致驾驶员郑甲及乘坐人崔某6二人死亡，乘坐人陈某、周某、杜某、梅某、吴某受伤。交通警察大队认定：郑甲负事故的全部责任，崔某6、陈某、周某、杜某、梅某、吴某不承担事故责任。事故发生后，王某3垫付15000元，对其他部分伤者也有数额不等的垫付。

另查明，崔某6的父亲、母亲均已过世，沈某1、沈甲、沈某2分别系崔某6的丈夫、女儿、儿子。经营部为个体工商户，营业执照注明为王某3个人经营，2022年1月5日，王某3申请注销了经营部。梅某4系王某3配偶。

另查明，包装西瓜的包装箱是马某5自己提供，其自己带有一名男性工人参与装车工作，马某5如对包装工不满需通过王某3处理。郑甲其个人或者车辆均无营运方面的资质，事故发生前一天，郑甲载着崔某6等人去为其他收瓜老板包装西瓜，运输费用由王某3向收瓜老板收取后交郑甲，郑甲为包装西瓜的工人曾经支出的一次用餐费用最后实际由王某3支出。

【案件焦点】

崔某6的雇主是王某3还是马某5，其是否系在提供劳务的过程中造成伤害。

【法院裁判要旨】

江苏省东台市人民法院经审理认为：马某5与王某3之间构成行纪、居间合同关系；崔某6与王某3构成雇佣关系；崔某6不是在提供劳务过程中造成的伤害；王某3与郑甲之间构成运输合同关系，王某3存在选任过失；梅某4

参与了经营部的经营，应认定经营部系家庭共同经营。对于本案原告的损失酌定由王某3、梅某4共同承担15%的赔偿责任，王某3的垫付款，在本案中一并处理。

江苏省东台市人民法院依照《最高人民法院关于审理人身损害赔偿案件适用法律若干问题的解释》（法释〔2003〕20号）第十条、《最高人民法院关于适用〈中华人民共和国民法典〉时间效力的若干规定》第一条，判决如下：

一、王某3、梅某4除已付15000元外，另在本判决生效后三十日内赔偿沈某1、沈甲、沈某2因其亲属崔某6死亡所致各项损失159826.73元；

二、驳回沈某1、沈甲、沈某2的其他诉讼请求。

沈某1、沈甲、沈某2、王某3、梅某4不服一审判决，提起上诉。

江苏省盐城市中级人民法院经审理认为：对王某3、梅某4主张崔某6系为马某5提供劳务，沈某1、沈甲、沈某2主张崔某6在提供劳务过程中受伤的上诉理由，法院均不予采信。对王某3、梅某4主张王某3并非郑甲选任者的上诉理由，法院不予采信；对沈某1、沈甲、沈某2主张一审法律适用的上诉理由，法院亦不予采信。对王某3、梅某4有关该案的上诉理由，法院不予采信。

江苏省盐城市中级人民法院依照《中华人民共和国民事诉讼法》第一百七十七条第一款第一项规定，判决如下：

驳回上诉，维持原判。

【法官后语】

提供劳务者受害属于侵权法律关系，是就损害赔偿责任的承担所引发的责任纠纷，具体包含个人之间以及个人与非个人之间的劳务关系两种类型。① 对于此类案件的审理，首先审查权利主体是否适格，再厘清劳务关系类型，进而审查损害是否因劳务所致，最后明确责任承担。

一、适格的诉讼主体为客观结果归责的前提

对诉讼主体的认定上，权利主体即提供劳务的自然人，包括提供劳务者本

① 李艳红：《劳务纠纷典型案例解析》，中国法制出版社2021年版，第25页。

人以及因劳务受害而死亡的劳务者近亲属。责任主体即接受劳务一方，除自然人外还包括接受劳务的法人、非法人组织。

个人之间形成劳务关系的，司法实践中，缔约形式不尽完备，需要认定被告是否系劳务关系的相对方，对双方未签订书面劳务合同的，应着重审查接受劳务方对提供劳务方的控制关系，即听从接受劳务一方的安排、指挥，完成相应的工作任务。对于个人与非个人之间形成劳务关系，在法律适用上可参照《中华人民共和国民法典》第一千一百九十二条关于个人之间形成劳务关系的规定。

二、提供劳务者受害责任的构成要件

关于接受劳务方主体的认定，则主要依据以下因素判断：是否对提供劳务者作出工作安排及指示，是否对劳务活动进行管理、监督，是否获得劳务活动产生的利益等。本人或委托他人以其名义代为对劳务活动进行指示、管理、监督，因劳务活动取得经济上的利益或获取个人事务、家庭生活上便利的主体，也应当认定为接受劳务方。

对因劳务受到损害事实的认定，需注意的是，在去劳务途中所受到的伤害，既不属于工作地点或工作时间内，也不属于在雇主的授权或者指示范围内从事的生产经营活动或者其他劳务活动，雇员的受伤行为也和履行职务没有直接的联系，不能将劳务关系中的“提供劳务的途中”认定为因劳务受到损害。

三、提供劳务者受害归责原则的适用

过错是指侵权人在实施侵权行为时对于损害后果的主观心理状态，包括故意和过失。[①] 根据《中华人民共和国民法典》第一千一百九十二条规定，个人劳务关系中由劳务双方根据各自过错承担相应责任。对于非个人劳务关系中的归责原则，在司法实践中存在差异。一种观点认为，应与个人劳务关系适用的归责原则无异；另一种观点认为，非个人劳务关系的提供劳务者受害责任纠纷中，应当适用无过错责任归责原则。笔者倾向于第二种观点，若提供劳务者存

---

① 最高人民法院民法典贯彻实施工作领导小组办公室编著：《中华人民共和国民法典侵权责任编理解与适用》，人民法院出版社2020年版，第27页。

在故意或重大过失，则相应减轻或免除用工者的赔偿责任，在此归责原则下有利于引导用工单位规范用工形式、完善劳动保护措施。

本案中，从管理与被管理关系看，王某3在选任他人从事劳动活动中享有决定权；从劳动报酬支付的性质看，崔某6的劳务报酬与劳务付出具有对等性，定期由王某3发放；从受伤的地点来看，崔某6受伤时既不在工作地点也不在工作时间，且受伤行为和履行职务没有直接的联系，不能认定为因劳务所受到的损害。故综合来看，崔某6与王某3之间的关系，符合民事雇佣关系的法律特征。

编写人：江苏省盐城市东台市人民法院　裴栋栋

5

雇员妻子一同提供劳务受伤时是否应当受同等保护

——谢某诉左某等提供劳务者受害责任案

【案件基本信息】

1. 裁判书字号

江西省高安市人民法院（2022）赣0983民初6283号民事判决书

2. 案由：提供劳务者受害责任纠纷

3. 当事人

原告：谢某

被告：左某、某装饰材料店、某文具公司

【基本案情】

某文具公司因办公楼装修需要，以“包工包料”的形式将部分装饰装修承包给左某，左某雇请谢某的丈夫张某到某文具公司的办公楼进行室内装修，按每方计算工钱。后张某带领谢某进入案涉工地进行施工，张某在左某视察工地时告知另一施工人为其妻子，且左某未表示明确拒绝。2022年5月1日16时左右，谢某在安装墙面木饰板时，不慎摔伤，受伤后谢某在市医院住院治疗30天，花费医疗费55171.72元。2022年5月2日，左某向谢某转账支付了50000元医疗费。2022年8月16日，谢某委托司法鉴定中心对其伤残等级、三期天数进行鉴定，支付鉴定费2300元，经鉴定，谢某的损伤评定为一个十级伤残、一个八级伤残，误工期150日、护理期60日、营养期90日。

【案件焦点】

1. 如何确认夫妻一方为雇员，另一方作为实际提供劳务者受伤时是否享有赔偿权利；2. 如何保护雇员的合法权益。

【法院裁判要旨】

江西省高安市人民法院经审理认为：提供劳务者因劳务造成他人损害的，受损害的一方可以向接受劳务方请求损害赔偿。提供劳务者在提供劳务过程中遭受人身损害的，根据双方各自的过错承担相应的责任。

1. 关于各方是否应承担赔偿责任，应承担责任的比例是多少。根据双方提供的证据及当庭陈述，左某安排谢某在某文具公司处进行装饰装修施工并与其结算报酬，故法院认为左某与谢某发生雇佣劳务关系，尽管谢某没有直接与左某进行协商，但是经由谢某的丈夫张某，谢某实际上为左某承揽的装饰装修工程提供了劳务，并且左某对此予以了接受，基于劳务活动的管理监督与利益归属均是左某，且劳务活动的成果系由左某对某文具公司交付并予以负责，故此并不影响上述谢某与左某关系的认定。左某作为谢某的接受劳务一方，在谢某高空作业过程中未提供护栏网、安全绳等有效的安全防护措施，也未尽到严格的安全监督义务，依法应承担一定的过错责任。某装饰材料店仅是出卖装饰装修材料，其与谢某并未发生劳务关系，谢某主张某装饰材料店与左某系合伙关系未提供相应证据证明，法院对该主张不予支持，故某装饰材料店不应承担赔偿责任。

根据《中华人民共和国民法典》第一千一百九十三条规定："承揽人在完成工作过程中造成第三人损害或者自己损害的，定作人不承担侵权责任。但是，定作人对定作、指示或者选任有过错的，应当承担相应的责任。"本案中，某文具公司作为业主将房屋装修工程交给左某承揽，对承揽人是否具有房屋装修的经营许可范围和从业资质，存在选任过失，且也没有严格按照国家有关法律法规实施监督管理，故其应承担相应的选任过失责任。

谢某在从事劳务过程中，因在从事高空作业时安全意识不强，自行操作存在失误导致摔伤，且谢某作为一名从事多年装修的工人，也作为一名完全民事行为能力人，对自身安全没有尽到审慎注意义务以及自身存在操作失误，也在未确保安全的情况下施工，对事故的发生具有较大的过错。综上，结合各方的过错因素法院酌定由谢某自行承担50%的责任，由左某承担35%的责任，某文具公司承担15%的责任。

2. 关于本案谢某损失如何计算的问题。法院参照《江西省道路交通事故损害赔偿项目计算标准（试行）》予以核定。因谢某不能提供其近三年来的收入情况，法院按照谢某从事的建筑业标准计算其误工费标准，误工时间依法计算至定残前一天（2022年8月16日）计106天。本次事故谢某的损失为：1. 医疗费55171.72元；2. 住院伙食补助费，60元/天×30天=1800元；3. 营养费，30元/天×90天=2700元；4. 误工费，参照2021年度江西城镇私营单位建筑业职工年平均工资计算，53360元/年÷365天×106天=15496元；5. 护理费，130元/天×30天+120元/天×30天=7500元；6. 交通费，30元/天×30天=900元；7. 残疾赔偿金，41684元/年×20年×31%=258441元；8. 被抚养人生活费，儿子24587元/年×3年×31%÷2=11433元；9. 精神损害抚慰金，八级伤残11000元、十级伤残5000元×10%=500元，合计11500元；10. 鉴定费，2300元，总计367241.72元。关于谢某主张左某所支付的50000元系支付工钱，从谢某提供的聊天记录及转账记录来看，2022年6月27日谢某才向左某询问工钱事宜，而谢某受伤后，左某于2022年5月2日就已支付了50000元，故可视为该50000元系支付医疗费。谢某可就未支付的劳务费另行主张权利。综上，对于上述谢某的损失，由左某承担78534.60元［（367241.72元×35%）-50000元=78534.60元］，某文具公司承担55086.26元（367241.72元×15%），其余损失由谢某自行承担。

江西省高安市人民法院依照《中华人民共和国民法典》第三条、第一千零二条、第一千零三条、第一千零四条、第一千一百六十五条、第一千一百七十九条、第一千一百八十三条、第一千一百九十二条、第一千一百九十三条，《最高人民法院关于审理人身损害赔偿案件适用法律若干问题的解释》第一条、第六条、第七条、第八条、第九条、第十条、第十一条、第十二条、第二十二条、第二十三条和《中华人民共和国民事诉讼法》第六十七条、第一百四十五条之规定，作出如下判决：

一、由左某赔偿谢某损失78534.60元，某文具公司赔偿谢某损失55086.26元。以上款项限于本判决生效之日起十日内支付给谢某；

二、驳回谢某的其他诉讼请求。

判决作出后，当事人未上诉，判决已经发生法律效力。

【法官后语】

随着我国市场经济的不断深入发展和人口老龄化趋势的加重，劳务市场的需求也蒸蒸日上，随着多元化的需求开始出现大量的夫妻之间一方与接受劳务的一方达成口头协议，共同提供劳务行为，本案就是发生在建筑领域中夫妻共同提供劳务一方受害案件的典型案例，对于夫妻提供劳务行为时另一方是否与接受劳务方具有劳务关系的认定及责任的分担上具有参考价值。本案通过确定夫妻一方与接受劳务方达成口头协议时共同提供劳务的夫妻另一方与接受劳务者构成劳务关系，通过对选择权的适用，根据当事人的过错程度划分相应的责任，进行了风险分担，更好促进案件的最终处理。

认定未达成口头协议的夫妻另一方是否与接受劳务方构成劳务关系，是确定雇主承担赔偿责任的关键。是否构成劳务关系的依据是提供劳务的一方是否与接受劳务方达成一种合意，这种合意具体表现在提供劳务的一方自愿向接受劳务方提供劳务活动，接受劳务方接受并提供报酬给提供劳务方。接受劳务方同意接受又具体表现在两个方面：一是在劳务需求的过程中与提供劳务方直接签订劳务合同或者达成口头劳务协议；二是在提供劳务一方虽未与接受劳务方达成协议，但提供劳务一方在向需求劳务方提供劳务活动时接受其监督或者按照其指示从事劳务经营活动，需求劳务方知晓且未明确表示拒绝，在这种情况下应当视为提供劳务的一方与需求劳务方之间达成了协议，构成劳务关系。本案中，左某监工时知晓谢某作为张某的妻子向其提供劳务，按照民间习惯，左某在明知谢某非为张某雇请的情况下未表示拒绝，应当视为左某与谢某构成了劳务关系。而从事雇佣活动是指从事雇主授权或者指示范围内的生产经营活动或者其他劳务活动，是否构成从事雇佣活动应从行为的内容、时间、地点、场合、行为的名义以及受益人等方面综合判断。从行为的内容来看，谢某在左某指示的范围内从事装修工作。从行为的地点上来看，谢某受伤时的地点在工地范围。从行为的受益人来看，谢某虽未直接接受左某的雇请，但其在工作过程中要接受左某的监督管理，也是根据实际的工作成果从左某处获得报酬，谢某高空作业的初衷是为了更好地提供劳务，左某作为接受劳务一方属于行为的受益人。综上所述，谢某在高空作业受伤时的行为应当认定为左某接受的雇佣活动行为。

同时，根据《中华人民共和国民法典》的相关规定，提供劳务者受害责任纠纷归责原则适用过错责任，谢某作为完全民事行为能力人，在从事高空作业时，由于自身疏忽大意，在操作过程中未尽到合理的注意义务，不慎摔倒受伤，自身存在重大过失，因此，根据过失相抵原则，减轻发包方与雇主的一定责任。

编写人：江西省高安市人民法院　李昌军

6

接受劳务一方挂靠建筑公司从事涉案工程的实际施工，提供劳务者可要求被挂靠人承担连带责任

——夏某诉胡某等提供劳务者受害责任案

【案件基本信息】

1. 裁判书字号

江西省南昌市中级人民法院（2023）赣01民终4434号民事判决书

2. 案由：提供劳务者受害责任纠纷

3. 当事人

原告（被上诉人）：夏某

被告（被上诉人）：某中学、某建筑公司

被告（上诉人）：胡某

【基本案情】

2021年9月，胡某雇请夏某在某中学从事外墙刷漆工作，同时口头约定报酬为400元/天。9月24日上午，夏某在粉刷外墙工作时因安全绳松脱导致从三楼高空坠落受伤，被送往医院治疗，共住院83天，花费医疗费用325955元。

另查明，某中学（发包人）与某建筑公司（承包人）签订《承包协议书》，约定由某建筑公司承包某中学报告厅及功能室改造工程。后某建筑公司将全部工程转包给胡某，双方口头约定为挂靠关系，胡某按工程款的百分点向某建筑公司计算缴纳挂靠费。

【案件焦点】

1. 某中学和某建筑公司是否为本案适格被告；2. 某中学和某建筑公司是否

承担赔偿责任；3. 原被告过错认定及责任的划分。

【法院裁判要旨】

江西省南昌市新建区人民法院经审理认为：某中学与某建筑公司签订《承包协议书》，将某中学报告厅及功能室改造工程发包给某建筑公司，双方之间为承包法律关系。某建筑公司将涉案工程全部转包给挂靠公司名下的胡某，双方之间为挂靠法律关系。胡某雇请夏某从事外墙刷漆工作，双方之间为劳务法律关系。根据《中华人民共和国民法典》第一千一百九十二条的规定，夏某作为提供劳务一方因劳务受害的，胡某作为接受劳务一方应当承担与其过错相应的赔偿责任。某建筑公司作为被挂靠人，应当对挂靠人胡某的赔偿义务承担连带责任，是本案的适格被告。而某中学作为发包人，与夏某之间不存在直接法律关系，且无证据证明其对夏某的人身损害存在侵权行为，因此不是本案适格被告，无需承担赔偿责任。关于过错认定和责任划分，胡某作为接受劳务一方，应当提供安全的劳动场所和相应的安全防护措施而未提供，故其应当为夏某的人身损害承担主要责任；夏某作为提供劳务一方，具有多年外墙工作经验，在从事外墙高空作业时未做好安全防护措施，存在一定的过错，对自己遭受的损失应当承担次要责任。各项费用共计 690281. 39 元，根据双方的举证质证情况，结合各自的过错程度，判决由夏某承担其损失的 15%为 103542. 21 元（690281. 39 元×15%），胡某承担其损失的 85%为 586739. 18 元（690281. 39 元×85%），减去胡某已支付的 294100. 74 元，还应赔偿夏某 292638. 44 元（该部分由被挂靠人某建筑公司承担连带责任）。

江西省南昌市新建区人民法院依照《中华人民共和国民法典》第一千一百六十五条、第一千一百六十八条、第一千一百七十三条、第一千一百七十九条、第一千一百八十三条，《中华人民共和国民事诉讼法》第六十七条第一款之规定，判决如下：

一、胡某于本判决生效后十日内支付夏某医疗费、后续治疗费、误工费、护理费、住院伙食补助费、营养费、交通费、伤残赔偿金、精神抚慰金、被扶养人生活费、鉴定费等费用 292638. 44 元；

二、某建筑公司对上述赔偿款承担连带给付责任；

三、驳回夏某的其他诉讼请求。

胡某不服一审判决，提起上诉。

江西省南昌市中级人民法院经审理认为：关于经济损失总额的计算，其中医疗费、后续治疗费、护理费、交通费、住院伙食补助费、伤残赔偿金、精神抚慰金、鉴定费、被扶养人生活费与一审法院一致，误工费34793.64元、营养费5340元、购买衣服的费用420元。故夏某各项费用的总金额为680444.18元，胡某承担其损失的85%并由某建筑公司承担连带赔偿责任，即578377.55元（680444.18元×85%），减去胡某已支付的302870.74元（294100.74元+8770元），还应赔偿被夏某275506.81元。胡某的上诉请求部分成立。

江西省南昌市中级人民法院依照《中华人民共和国民法典》第一千一百六十五条、第一千一百六十八条、第一千一百七十三条、第一千一百七十九条、第一千一百八十三条，《中华人民共和国民事诉讼法》第六十七条第一款、第一百七十七条第一款第二项规定，判决如下：

一、维持一审民事判决第二项、第三项。

二、变更一审民事判决第一项为：胡某于本判决生效之日起十日内一次性赔偿夏某经济损失共计人民币275506.81元。

【法官后语】

提供劳务者在从事劳务活动过程中受害的，可根据《中华人民共和国民法典》（以下简称《民法典》）第一千一百九十二条的规定向接受劳务一方主张与其过错相应的赔偿责任。若接受劳务一方挂靠建筑公司从事涉案工程的实际施工，则提供劳务者还可向被挂靠人主张其承担连带责任，以确保遭受的人身损害能够及时得到赔偿。

一、提供劳务者受害责任条款的吸收和承继

关于提供劳务者受害责任，2004年5月1日起施行的《最高人民法院关于审理人身损害赔偿案件适用法律若干问题的解释》（法释〔2003〕20号，以下简称《人身损害解释》）第十一条第一款作出了明确规定，雇主应当对雇员在从事雇佣活动中遭受的人身损害承担赔偿责任。2010年7月1日起施行的《中华人民共和国侵权责任法》(以下简称《侵权责任法》)第三十五条进一步将《人身损害解释》第十一条规定的雇主责任条款予以延伸和完善，以“个人劳务关系”代替了“雇佣关系”，以“过错赔偿责任”代替了“雇主完全责任”。由此引发了理论界的分歧和司法审判实务裁判规则的不统一，一种观点认为，《侵权责任法》第三十五条与《人身损害解释》第十一条互为补充，前者是在后者的基础上对劳务关系中提供劳务者受害责任的继承和发展，保护提供劳务一方权益的同时根据过错适当减轻接受劳务一方的赔偿责任，更能体现公平与公正；而另一种观点则认为，《侵权责任法》第三十五条的规定与《人身损害解释》第十一条的规定相互矛盾，前者是对后者的完全取代，根据“新法优于旧法”的原则，在提供劳务者受害责任纠纷中不能再适用《人身损害解释》第十一条的规定。

随着2020年5月28日《民法典》的审议通过，《民法典》第一千一百九十二条对《侵权责任法》第三十五条的规定予以了吸收与承继，沿用了《侵权责任法》“个人之间形成劳务关系……提供劳务一方因劳务……损害的……根据双方各自的过错承担相应的责任”的表述，由此统一规范了提供劳务者受害责任条款。基于此，为配合《民法典》的实施，《人身损害解释》于2020年12月23日进行了第一次修正，修正后的版本删去了原第十一条的规定。《民法典》施行后，《侵权责任法》也同时废止，故审理提供劳务者受害责任纠纷案件不再适用修正前的《人身损害解释》原第十一条和《侵权责任法》第三十五条的规定。具体到本案，夏某作为提供劳务一方，可根据《民法典》第一千一百九十二条的规定向接受劳务一方的胡某主张与其过错相应的赔偿责任。

二、被挂靠人连带责任的认定

遗憾的是，随着《人身损害解释》的第一次修正，该解释原第十一条第二款规定的“知道或者应当知道接受发包或者分包业务的雇主没有相应资质或者安全生产条件的，应当与雇主承担连带赔偿责任”也随之删除。接受劳务一方挂靠建筑公司承包建设工程，其雇请的劳务者因劳务受害的，被挂靠的建筑公司是否应承担连带赔偿责任，《民法典》侵权责任编并未作出具体规定，此种情况下如何最大限度保障提供劳务一方的合法权益成为此类案件司法审判必须考量的一个问题。

被挂靠人违反《中华人民共和国建筑法》等相关法律法规，擅自将公司资质借给不具备用工主体资格的组织或者自然人，甚至将建设工程完全交由该组织或者自然人进行施工，其自身若不参与现场施工管理和安全管理，则安全隐患难以排除，容易引发提供劳务者在提供劳务过程中受害或造成他人损害的情形。因此，一旦提供劳务者因劳务受害的，将被挂靠人认定为适格被告并承担连带赔偿责任就非常有其必要性。司法实践中，有部分判决在《民法典》施行后援引《中华人民共和国劳动法》《中华人民共和国社会保险法》等其他与民事侵权领域无关的法律规定来让被挂靠人（发包人、转包人或分包人）承担连带赔偿责任，如《劳动和社会保障部关于确立劳动关系有关事项的通知》第四条、《最高人民法院关于审理工伤保险行政案件若干问题的规定》第三条第一款第五项等相关认定发包、转包人或分包人承担用工主体责任的条款。此类裁判难免有牵强附会之嫌，不宜推广并作为类案裁判的法律依据。

为了防止挂靠施工队对提供劳务者受害所带来的安全隐患，最大限度保障提供劳务者的合法权益，仍应适用同一法律规范体系下即《民法典》侵权责任编的相关规定及其背后的法理来确定被挂靠人连带责任的承担。建筑公司作为被挂靠人，其往往疏于管理甚至不参与施工现场管理，其行为主观上存在放任安全事故发生的故意，因此，可以认定其与挂靠人（接受劳务一方）对提供劳务者因劳务遭受的人身损害存在共同侵权行为，故应适用《民法典》侵权责任编第一千一百六十八条的规定判决被挂靠人对提供劳务者因劳务遭受的人身损害承担连带责任。这样既可最大限度保障提供劳务者的合法权益，又可给被挂靠人扎紧安全“紧箍咒”，倒逼其树牢安全管理意识，进而实现建设工程施工领域减少非法转包分包和随意挂靠发生的可能性，最终达到降低提供劳务者因劳务受害概率的目的。

三、其他救济渠道的说明

根据上文所述，虽不宜适用《中华人民共和国劳动法》《中华人民共和国社会保险法》等其他与民事侵权领域无关的法律规定作为认定被挂靠人承担连带责任的法律依据，但该相关规定为提供劳务者维权救济提供了另外一种可能性，即提供劳务一方如果不以提供劳务者受害责任纠纷提起民事诉讼的，可另行根据《最高人民法院关于审理工伤保险行政案件若干问题的规定》第三条第一款第五项“社会保险行政部门认定下列单位为承担工伤保险责任单位的，人民法院应予支持……个人挂靠其他单位对外经营，其聘用的人员因工伤亡的，被挂靠单位为承担工伤保险责任的单位”的规定，向当地社会保险行政部门申请认定工伤，并以被挂靠单位作为承担工伤保险责任的单位。此种救济渠道的优势在于，大多数情况下主张工伤保险待遇可获得的赔偿数额可能更高，且不论提供劳务者自身是否存在过错，都不用承担相应的责任，即赔偿金额不会因其有过错而减少。但其劣势也较为明显，如认定工伤难度较大、耗时较长。一旦社会保险行政部门不认定是工伤，则需要提起行政诉讼，由法院来审理确定是否构成工伤。即便认定工伤，一旦被挂靠单位拒绝支付工伤保险赔偿金的，则需要伤者向法院提起民事诉讼。故提供劳务者应慎重考虑，咨询并听取专业法律人士的意见建议，选择对自己有利的救济方式进行维权。

编写人：江西省南昌市新建区人民法院　汪振华　叶兴　邱尤德

7

提供劳务者在从事劳务活动中遭受人身损害，接受劳务一方应当承担赔偿责任

——林某1诉某风电公司提供劳务者受害责任案

【案件基本信息】

1. 裁判书字号

福建省宁德市中级人民法院（2022）闽09民终759号民事判决书

2. 案由：提供劳务者受害责任纠纷

3. 当事人

原告（被上诉人）：林某1

被告（上诉人）：某风电公司

【基本案情】

2021年4月27日起，林某1受雇在某风电公司承建的工地上从事修理道路作业，平时上下班由某风电公司员工负责接送。2021年5月2日，林某1下班时，按某风电公司指示乘坐高某官驾驶的无牌三轮车回家，途中三轮车发生侧翻，致林某1等人受伤。公安局交通警察大队作出道路外车辆事故认定书认定：高某官负本事故全部责任，林某1等5人不负本事故责任。后林某1被送往医院住院治疗64天，出院医嘱：1. 院外继续营养神经；2. 避免重体力及剧烈活动……疾病诊断证明书载明“于2021.05.03—2021.06.02我科住院治疗期间因治疗需要外购人血红蛋白及氨基酸”；3. 于5.11择期取内固定物。鉴定所作出鉴定意见：林某1的伤残程度属两处十级伤残；林某1的损伤需误工期180日、护理期90日、营养期90日；林某1内固定物取出的后续治疗费总计24000元。本起事故造成林某1各项经济损失：医疗费24646.22元、住院伙食补助费3200元、误工费43915.32元、护理费37948.90元、营养费4500元、后续治疗费24000元、鉴定费2600元、残疾赔偿金50932.80元、精神损害抚慰金6000元，合计197743.24元。

【案件焦点】

1. 林某1与某风电公司是否存在劳务关系；2. 关于林某1的各项损失确定。

【法院裁判要旨】

福建省霞浦县人民法院经审理认为：个人之间形成劳务关系，提供劳务一方因劳务受到损害的，根据双方各自的过错承担相应的责任。林某1在提供劳务期间，按某风电公司的指示乘坐车辆发生交通事故受伤，某风电公司作为接受劳务一方，存在过错，应承担全部赔偿责任。林某1主张某风电公司赔偿各项经济损失 245348.73 元，对其中 197743.24 元予以支持，超出部分不予支持。某风电公司主张林某 1 应自行承担或由高某官承担责任，缺乏事实及法律依据，法院不予采纳，若某风电公司认为本案事故是因第三人原因造成的，其可依法另行主张。

福建省霞浦县人民法院依照《中华人民共和国民法典》第一千一百九十二条第一款，《最高人民法院关于审理人身损害赔偿案件适用法律若干问题的解释》第六条、第七条、第八条、第十条、第十一条、第十二条、第二十三条规定，判决如下：

一、某风电公司应于本判决生效之日起十日内赔偿林某 1 各项经济损失 197743.24 元；

二、驳回林某 1 的其他诉讼请求。

某风电公司不服一审判决，提起上诉。

福建省宁德市中级人民法院经审理认为：林某 1 在提供劳务期间，因乘坐某公司提供的车辆发生交通事故受伤，某公司作为接受劳务一方，林某 1 有权向其主张全部赔偿责任。根据林某 1 提供的医疗费发票及相关法律规定，可以得出林某 1 因本次事故而受到的经济损失为 197743.24 元。某风电公司对应林某 1 上述损失承担赔偿责任。

福建省宁德市中级人民法院同意一审法院的裁判意见，判决：驳回上诉，维持原判。

【法官后语】

提供劳务者受害责任是指个人之间存在劳务关系，提供劳务一方在从事劳务工作时自身受到损害，根据双方各自的过错承担的相应的责任。提供劳务者受害责任与提供劳务者致害责任是不同的两个概念，前者指的是雇佣关系内部雇主与雇员之间，即提供劳务者与接受劳务者之间的责任分担，而后者则属于劳务接受者与雇佣关系之外的第三方之间的关系。在责任归责原则上，提供劳务者受害责任适用的是过错责任原则，而提供劳务者致害责任适用的是无过错责任原则。

提供劳务者受害责任应当具备如下要件：首先，当事人双方之间必须形成了劳务关系。其次，提供劳务一方因劳务使自己受到损害。即提供劳务者是其自身遭受了损害，而并非造成他人损害。最后，接受劳务的一方存在过错。如果接受劳务的一方根本就没有任何过错，则不承担责任。

本案中，审理的关键在于认定林某1与某风电公司之间是否成立劳务关系。劳务关系是劳动者与用工方之间通过口头或书面的约定，由劳动者向用工方提供临时性的或者是特定的劳动服务，用工方依约向劳动者支付劳务报酬的一种有偿服务的法律关系。

在司法实践中，由于劳务关系多表现为临时用工，双方通常情况都未订立书面合同，未明确约定权利义务，劳务关系与劳动关系存在不同点。一是主体不同。前者主体双方当事人可以同时都是自然人、法人、组织，也可以是自然人与法人、组织，后者主体只能一方是法人或者组织，即用人单位；另一方则必须是劳动者个人，不能双方同时是自然人，也不能同时都是法人或者组织。二是主体关系不同。前者劳动者提供劳务，用工方支付劳务报酬，双方之间只存在经济关系；后者双方之间除了存在经济关系外，劳动者还要接受用人单位的管理，遵守用人单位的各种规章制度。三是劳动者的待遇不同。前者中提供劳务者为自然人的，一般只获得劳务报酬，没有保险、福利待遇等；后者中的劳动者除了获得工资报酬外，还有保险、福利待遇，有的劳动者还参与单位管理等。

本案中，双方当事人对林某1在某风电公司承建工地上从事修理道路作业具有临时性，双方亦未签订书面合同，林某1系提供劳务一方，某风电公司雇佣林某1在其工地工作，应认定双方之间已形成劳务关系。

提供劳务者在从事用工方授权或者指示范围内的生产经营活动或者其他劳务活动中受到损害的，若用工方行为的表现形式与履行职务存在内在联系，与用工方利益有客观联系的，属于通常可以预见的合理行为，应认定为因劳务受到损害。乘坐接受劳务方安排的交通工具往返工作点途中遭受损害的也属于以上情形。林某1在提供劳务期间，因乘坐某风电公司提供的车辆发生交通事故受伤，某风电公司作为接受劳务一方，林某1有权向其主张全部赔偿责任。

编写人：福建省霞浦县人民法院　刘巧素

二、雇佣关系与承揽关系的区分

8

雇佣关系与承揽关系如何认定

——姚某1诉某广告服务部、某酒吧提供劳务者受害责任案

【案件基本信息】

1. 裁判书字号

广西壮族自治区贵港市中级人民法院（2022）桂08民终1447号民事判决书

2. 案由：提供劳务者受害责任纠纷

3. 当事人

原告（被上诉人）：姚某1

被告（上诉人）：某广告服务部

被告：某酒吧

第三人：姚某2

【基本案情】

某广告服务部系个体工商户，经营范围包括广告制作、室内外装修服务、木地板批发兼零售。2020年5月28日，某酒吧与某广告服务部签订《某酒吧隔音装修合同书》，合同约定承包方式为包工包料，承包范围包括内部隔音棉、

隔音板等安装及表面喷黑色乳胶等制作内容，工程单价按165元/m^2，面积约787m^2，总造价约129855元。后某广告服务部联系姚某2，口头约定由姚某2负责联系姚某1等人对案涉工程进行装修，由某广告服务部提供材料，姚某2及姚某1等人负责提供劳务。2020年6月7日，姚某1等人自带空压机、电锤、钉枪、尺子等工具到达工地，并于次日正式进场开工。施工期间，某广告服务部向姚某1等人提供了电钻及相应工程材料，工作架系某酒吧提供。2020年6月13日，姚某1在装修过程中，因木板较重，当时姚某1先站在地面向站在两米左右高工作架上的姚某2传递木板（规格约为1.22m×2.44m，重量60—70斤），姚某1再爬上架子，在爬上架子后姚某2负责扶着木板，姚某1则弯腰拿工具，因重心不稳，不慎从工作架上跌落，致头颈部着地受伤。事故发生后，姚某1被送往医院住院及门诊治疗。2021年12月21日，姚某1的伤情经鉴定机构鉴定为八级伤残，误工期620日、护理期620日、营养期620日，支出鉴定费1520元。

另查明，姚某2及姚某1等人尚未与某广告服务部就案涉工程劳务费进行结算。2020年6月13日至6月19日，杜某向姚某2转账11000元，2020年6月7日至6月18日，某广告服务部向姚某2转账7000元，某广告服务部向姚某1住院期间雇请的护工支付1510元，姚某2代某广告服务部向护工支付500元。庭审中杜某认可其转账给姚某2的数额视为某广告服务部支付给姚某2的数额。事故发生后，姚某2代某广告服务部向卫生院支付医疗费554.5元、向甲市人民医院支付医疗费8600元、向乙市中医医院支付医疗费870.89元，合计10525.39元。某广告服务部向甲市人民医院支付医疗费4823.36元、向乙市中医医院支付医疗费500元，合计5323.36元。

【案件焦点】

1. 姚某1是受雇于姚某2还是某广告服务部；2. 姚某1在本次事故中是否存在过错以及是否存在扩大损失的行为；3. 由谁来承担赔偿责任。

【法院裁判要旨】

广西壮族自治区贵港市覃塘区人民法院经审理认为：某酒吧就案涉的酒吧隔音装修业务与某广告服务部签订合同，约定承包方式为包工包料，且双方合同明确约定装修的安全问题由某广告服务部负责，某广告服务部按照某酒吧的要求完成工作，并以交付工作成果为目的，其与某酒吧之间不存在支配与服从关系，具有独立性，因此，某广告服务部与某酒吧之间形成了承揽关系。某广告服务部电话联系姚某 2，姚某 2 先后找到包括姚某 1 在内 7 名劳务人员参与该工作，姚某 2 及姚某 1 等人按照某广告服务部的要求完成工作成果，就完成的工作成果领取报酬，姚某 2 及姚某 1 等人以自己的技术和劳力完成某广告服务部交办的工作，受某广告服务部的指挥管理，所以姚某 2、姚某 1 等人乃某广告服务部所聘请的工人。依据《最高人民法院关于审理人身损害赔偿案件适用法律若干问题的解释》（法释〔2003〕20 号）第十条的规定：“承揽人在完成工作过程中对第三人造成损害或者造成自身损害的，定作人不承担赔偿责任。但定作人对定作、指示或者选任有过失的，应当承担相应的赔偿责任。”本案中，某服务系在经营范围内开展业务活动，故某酒吧在选任方面不存在过失。某广告服务部在聘请工人时，仅与姚某 2 沟通，在与姚某 1 等人不相识且对姚某 1 等人是否具有相关隔音板安装经验未经审查的情况下便将案涉工程交给姚某 2 及姚某 1 等人施工。同时，在工程施工过程中，某广告服务部亦未尽到安全生产培训、安全提醒等管理义务以及提供安全生产条件等保障义务，如提供安全的劳动场所和工作条件、进行必要的人身安全提醒、对提供劳务者的违规违章或者不当行为及时制止和纠正。因此，某广告服务部对在工程施工过程中发生的生产安全事故负有主要的责任。某酒吧作为发包方，其对姚某 1 的受伤没有任何过错，因此，姚某 1 主张某酒吧承担赔偿责任，没有事实和法律依据。

姚某 2 在案涉工程中，其身份与姚某 1 一样，乃某广告服务部所聘请的工人。在本次事故的发生过程中，姚某 2 并不存在任何过错，因此，不应对本次事故的发生承担任何的过错责任。姚某 1 作为一个完全民事行为能力人，长期从事木工工作，劳动技能应已达到一定的熟练程度，应对从事高处工作的危险性有一定的认识，更应清楚了解自己的身体状况能否胜任该工作，并应在劳动过程中小心谨慎保护自己的人身安全，做到增强安全保护意识，采取防范和降低危险发生可能性的安全措施。但本案中，姚某1未尽谨慎注意义务，对自身受伤应承担次要责任。故某广告服务部对姚某1受伤造成的经济损失承担70%的民事赔偿责任，剩余损失由姚某1自行承担。

对于姚某2陈述姚某1存在扩大损失问题，姚某1作为成年人，如认为在治疗过程中所采取的治疗方案对自身不利，应当自行作出选择，且姚某1及姚某2并未提供相关证据予以佐证扩大损失的存在，故对姚某2主张姚某1存在扩大损失的意见依法不予采纳。

广西壮族自治区贵港市覃塘区人民法院依照《中华人民共和国侵权责任法》第六条、第十五条、第十六条，《最高人民法院关于审理人身损害赔偿案件适用法律若干问题的解释》第十条、第十一条、第十七条、第十八条、第十九条、第二十条、第二十一条、第二十二条、第二十三条、第二十四条、第二十五条，《最高人民法院关于确定民事侵权精神损害赔偿责任若干问题的解释》第十条、第十一条之规定，作出如下判决：

一、某广告服务部应赔偿姚某1295789.54元；

二、驳回姚某1的其他诉讼请求。

某广告服务部不服一审判决，提起上诉。

广西壮族自治区贵港市中级人民法院依照《中华人民共和国民事诉讼法》第一百七十七条第一款第一项规定，判决如下：

驳回上诉，维持原判。

【法官后语】

在司法实践中，劳务关系大多呈现临时用工性质，当事人之间均未订立书面合同并明确约定权利义务的特点，同时，由于经济生产的复杂及社会分工的细化，相当数量的劳务活动涉及发包人、分包人、雇主等诸多主体。尤其是在装饰装修等行业中，多重承包发包关系、承揽关系与一般劳务关系同时存在。当提供劳务一方发生损害时，如何定性两者之间的劳务关系类型，将直接影响案件的走向。一般劳务关系（普通的民事雇佣关系）与承揽关系两者之间都需要提供劳务、完成一定的工作任务，主要特征在一定程度上存在重叠。

具体如何区分当事人之间是构成一般的劳务关系抑或是承揽关系，需综合考量以下因素，如管理与监督的关系，工作场所、时间与劳动工具，劳动报酬的支付，是否为接受劳务一方生产经营活动的组成部分等。形成承揽关系的双方当事人往往呈现独立和平等的关系，注重的是工作成果的交付，不限定工作场所和工作时间，关键的一点即提供劳务者自备工具设备，提供劳务者的工作内容一般不是接受劳务一方生产经营活动的组成部分。而形成一般劳务关系的当事人之间则呈现支配和从属的关系，工作时间、场所由接受劳务者一方进行安排并提供工具设备，强调的是劳务过程，定期定量支付或按时支付劳动报酬。因此，如当事人之间存在控制、支配和从属关系，由一方指定工作场所，提供劳动工具或设备，限定工作时间，定期给付劳动报酬，所提供的劳动是接受劳务一方生产经营活动的组成部分的，可以认定为雇佣。反之，则应当认定为承揽。在一般劳务关系中，对于提供劳务者的损害由劳务双方按照各自过错承担责任，或者按照无过错责任归责原则由接受劳务方承担赔偿责任。而在承揽关系中，定作人仅对定作、指示或者选任上的过失承担责任，承揽人独自承担意外风险。

在日常生活中，用工过程中往往会出现需要数人共同完成一项劳务活动的情况，经常由其中一人作为召集人与接受劳务方沟通联络。召集人虽承担部分管理事务，但若与其他提供劳务者共同劳动、报酬相互均等，则其并未因他人的劳务活动额外受益，根据风险收益相一致理论，不应当将其认定为接受劳务方。而用工单位作为获益方应当为提供劳务者提供更为充分的劳动保护。具体到本案，姚某1作为提供劳务一方，在姚某2的召集下共同参与劳务活动，姚某2并未从中额外获利，而姚某1等人所从事的劳务活动则是某广告服务部生产经营的活动内容之一，并接受其监督、管理，故姚某1与某广告服务部存在雇佣关系。某广告服务部与某酒吧之间不存在支配与服从关系，具有独立性，两者则形成了承揽关系。

因此，鉴于接受劳务方在用工过程中对于劳务活动的监督管理较为松散，纠纷双方往往对损害发生的过程及原因存在争议，证据固定方面欠缺，对于提供劳务者一方来说，应在提供劳务的过程中注意收集考勤记录、劳动工具提供情况、劳务报酬定期发放记录等受到管理和监督的证据。法院在审理此类案件时，应充分发挥引导接受劳务方规范用工形式、增强安全保障意识、完善劳动保护措施的导向作用。

编写人：广西壮族自治区贵港市覃塘区人民法院　韦静

9

承揽人在承揽过程中所受到的损害，定作人有过错的承担选任过失责任

——周甲诉曾某 1、熊某 2 承揽合同案

【案件基本信息】

1. 裁判书字号

湖南省双峰县人民法院（2022）湘 1321 民初 269 号民事判决书

2. 案由：承揽合同纠纷

3. 当事人

原告：周甲

被告：曾某 1、熊某 2

【基本案情】

周甲是一位从事多年室内装修的师傅，2021 年 7 月，有一位客户将周甲之兄周乙的电话告诉了曾某 1。同年 7 月 14 日，周甲与兄长应曾某 1 的雇请，为曾某 1 家新房装修，到曾某 1 家新房后，周甲在房屋二楼清除了一些沙子、纸

板、水泥，到三楼后，兄弟二人做了一个工作平台，在作业过程中，由于瓷地板较滑，且房屋第一楼至第三楼没有安装安全防护栏杆，周甲就从第三楼摔到第一楼地板上。周甲受伤后，被送往县中医院急救，后转院至市中心医院进行治疗。周甲的损伤经司法鉴定所鉴定为：1. 不致残；2. 误工期 180 日，护理期 60 日、营养期 90 日；3. 取内固定费 12000 元；4. 义齿修复费 1500—2000 元/枚；5. 后续治疗费用凭正式有效发票请审查部门审查认定。周甲从入院到出院及后续的治疗，曾某 1、熊某 2 至今未支付任何费用。综上所述，曾某 1、熊某 2 雇请周甲为其新房装修，由于曾某 1、熊某 2 家新房堆放了大量的沙子、水泥等物，且其新房楼梯间无任何安全防护措施，从而导致周甲的损害后果。为此，特向法院提起诉讼。

【案件焦点】

1. 周甲与曾某 1、熊某 2 之间是否存在承揽关系；2. 周甲在提供劳务过程中受伤，曾某 1、熊某 2 有无过错责任。

【法院裁判要旨】

湖南省娄底市双峰县人民法院经审理认为：承揽合同是承揽人按照定作人的要求完成工作，交付工作成果，定作人支付报酬的合同。本案中，周甲兄弟与曾某 1 口头约定，由周甲兄弟完成曾某 1 家新房的衣柜、书柜等室内木工装修工作，并交付工作成果，曾某 1 以按件（组）计酬的方式向周甲兄弟支付报酬，双方形成承揽合同法律关系。现周甲提出系受曾某 1 雇佣的主张，明显与本案客观事实不符，故法院对其该项主张不予采纳。建设部门制定颁布的《家庭居室装饰装修管理试行办法》第七条规定，“凡没有《建筑业企业资质证书》或者建设行政主管部门发放的个体装饰装修从业者上岗证书的单位和个人，不得承接家庭居室装饰装修工程”，可见在装饰领域对个体装饰装修从业者是有从业资格要求的，现曾某 1 将其新房室内木工装修工作交由无从业资质的周甲兄弟共同完成，存在选任过错，故对周甲的损害后果应承担相应的赔偿责任，周甲在施工作业过程中，未尽谨慎注意义务，对其损害后果的发生自身亦存在过错，故应承担相应的责任。熊某 2 与曾某 1 系夫妻关系，周甲受伤的损害后果发生在其为曾某 1、熊某 2 家新房装修过程中，故熊某 2 应与曾某 1 共同对周甲的损害后果承担赔偿责任。结合本案的实际情况，法院酌情认定曾某 1、熊某 2 对周甲的损害后果承担 20%的赔偿责任，其余损失由周甲自负。

湖南省娄底市双峰县人民法院依照《中华人民共和国民法典》第七百七十条、第七百七十二条、第一千一百六十五条、第一千一百七十九条、第一千一百九十三条，《最高人民法院关于审理人身损害赔偿案件适用法律若干问题的解释》第六条、第七条、第八条、第九条、第十条、第十一条、第二十二条之规定，判决如下：

一、周甲的合理经济损失 97478.94 元，由曾某 1、熊某 2 共同赔偿 19496 元，剩余损失由周甲自负；

二、驳回周甲的其余诉讼请求。

判决作出后，当事人未上诉，判决已经发生法律效力。

【法官后语】

在本案中，我们可以看到承揽合同与雇佣合同是很容易被混合起来的，那么如何区分承揽合同与雇佣合同呢？主要区别有以下几点：第一，目的不同。承揽合同订立的目的在于完成工作成果，提供劳动只是完成工作成果的手段。相比之下，雇佣合同签订的目的在于提供劳务，受雇人员只要提供了劳务就可以获得相应报酬。第二，责任承担不同。如果在承揽合同履行过程中发生危险、损失或者意外的，风险一般由完成工作成果的承揽人承担，除非损失是因为定作人自身的指示过失造成的。而在雇佣合同履行过程中产生的风险，一般是由接受劳务的雇主承担。第三，人身依附性不同。在承揽合同中，承揽人与定作人的人身依附性较低，在劳动中具有独立性，以什么方式完成工作，通常都是由承揽人自己决定。而在雇佣合同中，人身依附性较高，雇员通常都需要服从雇主的安排。认定民事主体之间属于雇佣关系还是承揽关系需要结合工作性质、控制程度、技能要求等事实综合认定。定作人在选任时，对承揽人有资质要求的，应审查其资质；无资质要求或资质审批已经取消的，应根据行业习惯、生活经验等审查承揽人的从业资格即承揽人是否具备完成承揽任务的能力。定作人未尽到上述审查义务，承揽人在完成工作过程中造成自身损害的，应承担选任过失责任。本案中，周甲与其兄周乙系从事室内木工装修工作多年的个体从业者，兄弟二人以个人名义对外承接各种室内木工装修项目。周甲兄弟与被告曾某1口头约定，由周甲兄弟完成被告家新房的衣柜、书柜等室内木工装修工作，并交付工作成果，曾某1以按件（组）计酬的方式向周甲兄弟支付报酬，故双方形成承揽合同法律关系。

《家庭居室装饰装修管理试行办法》第六条规定，凡承接家庭居室装饰装修工程的单位，应当持有建设行政主管部门颁发的具有建筑装饰装修工程承包范围的《建筑业企业资质证书》。对于承接家庭居室装饰装修工程的个体装饰装修从业者，应当持所在地乡镇以上人民政府有关主管部门出具的务工证明、本人身份证、暂时居住证，向工程所在地的建设行政主管部门或者其指定的机构登记备案，实行“登记注册、培训考核、技能鉴定、持证上岗”的制度。具体办法由省、自治区、直辖市人民政府建设行政主管部门制订。第七条规定，凡没有《建筑业企业资质证书》或者建设行政主管部门发放的个体装饰装修从业者上岗证书的单位和个人，不得承接家庭居室装饰装修工程。可见在装饰领域对个体装饰装修从业者是有从业资格要求的。

虽然在承揽合同履行过程中发生危险、损失或者意外的，风险一般由完成工作成果的承揽人承担，除非损失是因为定作人自身的指示过失造成的，但本案中曾某1将其新房室内木工装修工作交由无从业资质的周甲兄弟共同完成，存在选任过错，故对周甲的损害后果应承担相应的赔偿责任，周甲在施工作业过程中，未尽谨慎注意义务，对其损害后果的发生自身亦存在过错，故应承担相应的责任。熊某2与曾某1系夫妻关系，周甲受伤的损害后果发生在其为两被告家新房装修过程中，故熊某2应与曾某1共同对周甲的损害后果承担赔偿责任。

编写人：湖南省双峰县人民法院　邓戈

10

承揽人在完成工作过程中造成自己损害的，定作人不承担责任

——李某1诉牟某2、徐某3承揽合同案

【案件基本信息】

1. 裁判书字号

江苏省连云港市中级人民法院（2021）苏07民终4826号民事判决书

2. 案由：承揽合同纠纷

3. 当事人

原告（被上诉人）：李某1

被告（上诉人）：牟某2

被告（被上诉人）：徐某3

【基本案情】

2019年11月12日晚，牟某2联系徐某3，称其有货物需要装卸工，卸货的费用为每立方米5元。次日，徐某3通知李某1以及另外一名工人，至牟某2所在地点（江苏某物流园），进行卸货。李某1在车上往下卸货，另一名工人在车下接货，在卸货过程中，一件床垫滑落，李某1在欲扶住该床垫时，与床垫一同坠落后受伤。

李某1受伤后，在医院住院治疗，其伤情经鉴定后，构成十级伤残，因当事人之间就赔偿事宜未能达成一致意见，李某1遂诉至法院要求赔偿各项损失共计282964.76元。

牟某2、徐某3之间是长期合作关系，他们之间的运作形式为：首先，由

牟某2与徐某3协商价格，达成一致意见。其次，徐某3介绍李某1等人去装卸货物。最后，由徐某3与牟某2结算，徐某3再将费用转交给李某1（徐某3没有从中获利）。

【案件焦点】

1. 本案是雇佣关系还是承揽关系；2. 牟某2是否承担责任。

【法院裁判要旨】

江苏省连云港市海州区人民法院经审理认为：个人之间形成劳务关系，提供劳务一方因劳务自己受到损害的，根据双方各自的过错承担相应的责任。李某1向牟某2提供劳务，李某1系在提供劳务过程中受到损害，牟某2作为接受劳务一方应当承担相应的责任。李某1作为完全民事行为能力人，且是具有三年以上经验的装卸工，其在装卸过程中未尽到自身的安全注意义务，故法院确定牟某2对李某1的各项损失承担70%的赔偿责任。徐某3是给李某1介绍劳务，徐某3与牟某2结算，只是代转劳务费性质，其与李某1不构成劳务关系，李某1主张徐某3承担赔偿责任，法院不予支持。

江苏省连云港市海州区人民法院依照《中华人民共和国侵权责任法》第三十五条，《最高人民法院关于审理人身损害赔偿案件适用法律若干问题的解释》（法释〔2003〕20号）第十七条，《最高人民法院关于适用〈中华人民共和国民法典〉时间效力的若干规定》第一条，《中华人民共和国民事诉讼法》第六十七条、第一百四十七条之规定，判决如下：

一、牟某2于判决生效后十日内给付李某1各项赔偿款144911.15元；

二、驳回李某1的其他诉讼请求。

牟某2不服一审判决，提起上诉。

江苏省连云港市中级人民法院经审理认为：承揽合同是承揽人按照定作人的要求完成工作，交付工作成果，定作人给付报酬的合同。承揽区别于雇佣，雇佣的根本目的在于给付劳务，以劳务本身为合同标的；而在承揽关系中，承揽以交付劳动成果为目的，重在有形工作成果的完成，承揽人交付特定的工作成果是承揽合同的标的。徐某3、李某1等人以装卸完货物为工作目的，按照每立方米5元的价格与牟某2结算。雇佣关系中雇员一经雇主选定，非经雇主同意不能由第三人代替劳务；而承揽关系中承揽人可以将承揽的工作交由第三人来完成。本案中，牟某2将装卸工作按照每立方米5元的价格交由徐某3完成，需要多少工人以及如何完成，均不受牟某2的监督和管理。本案符合承揽关系的法律特征，定作人承担的是过错责任，定作人不存在指示或选任过失，依法不应当承担赔偿责任。

江苏省连云港市中级人民法院依照《中华人民共和国民事诉讼法》第一百七十七条第一款第二项之规定，判决如下：

一、撤销一审民事判决；

二、驳回李某1的诉讼请求。

【法官后语】

本案是一起因装卸工在提供劳务的过程中引发的纠纷，是涉及承揽关系和雇佣关系区分的典型案例。围绕双方当事人的法律关系如何定性的焦点问题，实践中主要有两种分歧意见：

第一种意见认为，本案应属于雇佣合同法律关系。一方提供劳务，另一方给付报酬，结合交易习惯，双方行为可以认定是事实雇佣关系。作为雇主，对受雇人在雇佣活动期间的生命健康负有保护义务，雇员在履行职务中受到损害，应由雇主承担全部民事责任。如果雇员主观有过失未能注意安全，导致损害后果发生，应当减轻雇主的民事赔偿责任。

第二种意见认为，本案应定性为承揽合同法律关系。一方按照另一方的要求卸货，其实质属于承揽合同。在履行承揽合同中自己造成损害，除损害是由执行定作人有过错之定作事项造成的以外，不应承担赔偿责任。

针对交织于承揽关系和雇佣关系之间的这些案件，实践中之所以产生多种分歧意见，其原因主要是对承揽合同和雇佣合同两种法律关系的性质缺乏正确认识，在法律关系的概念上界定不清，仅从表象上对提供劳务行为进行定义，而不从本质特征上界定雇佣和承揽关系的内涵。

从合同的法律概念上分析，雇佣合同是指雇员按照雇主的指示，利用雇主提供的条件提供劳务，雇主向提供劳务的雇员支付劳动报酬。雇佣合同关系具有如下特点：一是雇主与雇员之间具有特定的人身关系，即雇员在受雇期间，其行为受雇主意志的支配与约束；二是雇员行为与雇主之间存在特定的因果关系，如果雇员发生损害，则与雇主监督管理等作为和不作为行为存在因果关系；三是雇主与雇员之间存在特定利益关系。雇员在受雇期间所实施的行为，直接为雇主创造经济利益以及其他物质利益，雇员基于此种利益的创造，应当得到报酬。

所谓承揽合同，是指承揽方按照定作方提出的要求完成一定的工作，定作方接受承揽方完成的工作成果并给付约定报酬的协议。《中华人民共和国民法典》第七百七十条第二款列举了最主要的六项承揽合同，即加工、定作、修理、复制、测试和检验等工作。相应地，《民事案件案由规定》将承揽合同的案由也确定为七种。但承揽合同类型远不止这些，随着社会生活的不断发展变化，越来越多的承揽合同将不断出现，例如洗染、打字、翻译、广告制作、测绘、搬运等多种承揽合同形式，对此类合同引发的纠纷，应当按承揽合同的基本原则进行处理。

关于承揽与雇佣的区别，法学理论中一般将其论述为：（1）承揽人合同中的当事人具有独立性，承揽人基本是依靠自己独立判断来进行工作，不受合同相对人的支配；而雇佣关系中的雇员在一定程度上要接受雇主的支配，在完成工作中须听从雇主的安排、指挥。（2）承揽合同是以完成工作成果为目的，提供劳务仅是完成工作成果的手段；而雇佣关系是以直接提供劳务为目的。（3）承揽合同履行中所生风险由完成工作成果的承揽人承担，定作人对定作、指示或者选任有过错的，承担相应的责任；而雇佣合同履行中所生风险，一般由雇主承担。上述区分之标准，并非绝对准确，因雇佣、承揽合同表现形式的复杂性，区分过程中要采取综合标准原则，不能套用单一标准进行区分。

《最高人民法院关于审理人身损害赔偿案件适用法律若干问题的解释》（法释〔2003〕20号，以下简称《人身损害司法解释》）第十一条第一款规定：

"雇员在从事雇佣活动中遭受人身损害，雇主应当承担赔偿责任。雇佣关系以外的第三人造成雇员人身损害的，赔偿权利人可以请求第三人承担赔偿责任，也可以请求雇主承担赔偿责任。雇主承担赔偿责任后，可以向第三人追偿。"该条规定确定雇主是无过错责任。但是，2010年7月1日起施行的《中华人民共和国侵权责任法》第三十五条规定："个人之间形成劳务关系，提供劳务一方因劳务造成他人损害的，由接受劳务一方承担侵权责任。提供劳务一方因劳务自己受到损害的，根据双方各自的过错承担相应的责任。"《中华人民共和国侵权责任法》的上述规定，改变了雇主责任的归责原则，将无过错责任原则改为过错责任原则，取代了2003年《人身损害司法解释》第十一条规定的内容。2020年、2022年，最高人民法院两次修正了《人身损害司法解释》，删除了原来第十一条的规定，明确统一了雇员受害中雇主责任的归责原则为过错责任。

《人身损害司法解释》（法释〔2003〕20号）第十条规定："承揽人在完成工作过程中对第三人造成损害或者造成自身损害的，定作人不承担赔偿责任。但定作人对定作、指示或者选任有过失的，应当承担相应的赔偿责任。"《中华人民共和国民法典》第一千一百九十三条吸收和借鉴了上述规定的内容和精神，仅作文字调整。

本案中，李某1以提供劳务为交易条件获得报酬，牟某2以不特定提供劳务人为给付对象，按货物数量支付报酬，双方建立了一种合同关系。李某1提供劳务的行为不受牟某2意志的左右，也无须服从牟某2的监督与管理，双方之间并没有人身依附关系。货物卸完即是装卸工完成工作成果的表现，当货主给付报酬后双方的合同关系即告终结。因此，本案牟某2与李某1之间的法律关系是一种加工承揽关系，非雇佣关系。李某1在履行承揽合同中自己造成损害，牟某2不应承担责任。

另外，即使本案是雇佣合同关系，根据《中华人民共和国侵权责任法》以及《中华人民共和国民法典》的规定，雇主承担的是过错责任。如果雇员不能证明雇主有过错，也不能让雇主承担民事责任。

编写人：江苏省连云港市海州区人民法院　张海

11

农村低矮住房建设与维修发生事故责任的界定

——邢某1、康某2诉王某3、陈某4提供劳务者受害责任案

【案件基本信息】

1. 裁判书字号

山东省高唐县人民法院（2022）鲁1526民初1904号民事判决书

2. 案由：提供劳务者受害责任纠纷

3. 当事人

原告：邢某1、康某2

被告：王某3、陈某4

【基本案情】

王某3系高唐县甲镇乙村农民。农闲时，承包一些民房建设与维修工程。2022年6月，王某3承包了高唐县甲镇丙村陈某4的屋顶维修施工，按面积计算费用。2022年6月2日，王某3组织康某5、任某6、刘某7、王某8等人开始施工。按照以往的工资标准，每人在140元至160元不等，按天支付，一天一结算。当天17时30分左右，康某5在屋顶揭瓦时，脚踩在椽子上，将椽子踩断，不慎从屋顶摔落下来，头部严重受伤，被送到县人民医院救治。因伤情严重，于2022年6月3日转往市人民医院治疗。经诊断，康某5构成脑挫伤、创伤性蛛网膜下腔出血、锁骨骨折、肩胛骨骨折、肋骨骨折、胸椎压缩性骨折、胸椎横突骨折、创伤性湿肺、肺炎等伤情。2022年6月4日11时，康某5出现神志不清、呼之不应，各项生命体征不平稳，四肢肌力0级，肌张力减弱等症状。经家人商量，将康某5接回家中，在家中借助呼吸机维持生命。2022年6月5日凌晨，康某5停止了呼吸，经村医检查，康某5已无生命体征。2022年

6月7日，康某5在县殡仪馆火化。康某5受伤后因抢救花费医疗费55712.08元，其中，王某3垫付了11000元。康某5伤后由其妻子邢某1护理，康某5的妻子邢某1、儿子康某2均居住在山东省高唐县甲镇丁村，为农业劳动者，以农业收入为生活来源。2021年，山东省城镇居民人均可支配收入为47066元，农村居民人均可支配收入为20794元，人均消费性支出为14299元，城镇非私营单位丧葬费标准为49047元。

【案件焦点】

1. 康某5因摔伤而死亡的具体损失；2. 当事人之间赔偿责任如何划分。

【法院裁判要旨】

山东省高唐县人民法院经审理认为：关于当事人之间赔偿责任的划分问题。《中华人民共和国民法典》第一千一百九十二条第一款规定："个人之间形成劳务关系，提供劳务一方因劳务造成他人损害的，由接受劳务一方承担侵权责任。接受劳务一方承担侵权责任后，可以向有故意或者重大过失的提供劳务一方追偿。提供劳务一方因劳务受到损害的，根据双方各自的过错承担相应的责任。"王某3作为雇主，应当为雇员康某5提供符合安全生产标准的工作条件和设备，王某3对雇员在从事雇佣活动中没有提供安全绳、安全帽、防护网等防止高空坠落的安全防护措施，未尽到安全保障义务，致使康某5摔伤后死亡，应当承担赔偿责任。康某5作为完全民事行为能力人和具有一定判断能力的正常人，应当意识到房顶作业可能会产生的危险后果，其未尽到安全注意义务，致使其从房顶上跌落摔伤而死亡，对事故的发生也存在过错，可以减轻雇主王某3的民事赔偿责任。关于陈某4应否承担赔偿责任的问题。法院认为，农村或乡镇建设二层以下低矮住房或维修，不适用《中华人民共和国建筑法》的相关规定，法律对承揽人的资质并无强制性规定。陈某4作为定作人将农村房屋维修交由经常从事农村民房建设，具有当地一般工匠水平的人员进行施工，并提醒施工人员注意施工安全，不存在定作、选任、指示的过错。故陈某4不应承担赔偿责任。综上，结合当事人的过错程度，王某3应当承担

60%的赔偿责任，康某5自身应承担40%的赔偿责任，陈某4无责任。故王某3应赔偿邢某1、康某2各项经济损失1044807.18×60%＝626884.31元，扣除王某3已垫付的医疗费11000元，王某3还应赔偿邢某1、康某2各项经济损失615884.31元。

山东省高唐县人民法院依照《最高人民法院关于适用〈中华人民共和国民法典〉时间效力的若干规定》第一条第一款，《中华人民共和国民法典》第一千一百七十九条、第一千一百九十二条、第一千一百九十三条，《中华人民共和国民事诉讼法》第六十七条第一款、第一百四十五条，《最高人民法院关于适用〈中华人民共和国民事诉讼法〉的解释》第九十条之规定，判决如下：

一、王某3于判决生效之日起十日内赔偿邢某1、康某2医疗费、误工费、护理费、住院伙食补助费、死亡赔偿金、丧葬费、精神损害抚慰金等各项损失共计615884.31元；

二、驳回邢某1、康某2的其他诉讼请求。

判决作出后，当事人未上诉，判决已经发生法律效力。

【法官后语】

本案主要涉及如何准确认定农村低矮住房建设、维修发生事故时的责任。

随着经济社会的发展，农村维修或建造自建房的情况越来越多。但因当事人所具备的法律知识、交易习惯等多方面因素，一旦发生事故就极容易发生纠纷。因此，对于此类案件，承办法官需从证据的分析认定、通常理解习惯等多角度实现内心确信，进而依据相关法律规定认定事实，作出最终裁判。就本案体现的典型性问题，应当根据以下审判思路予以正确把握。

一、农村自建两层（含两层）以下低层住宅的，应认定为承揽合同还是劳务合同

有观点认为应分为两种情况：一是包工包料的应认定为承揽合同；二是包工不包料的应认定为劳务合同。笔者认为此观点并不符合立法精神，根据《中华人民共和国民法典》第七百七十五条第一款之规定，定作人提供材料的，应当按照约定提供材料。承揽人对定作人提供的材料应当及时检验，发现不符合

约定时，应当及时通知定作人更换、补齐或者采取其他补救措施。承揽合同中定作人可以提供材料，即不能简单机械地将包料或者不包料作为区分标准。根据法律规定，承揽合同是承揽人按照定作人的要求完成工作，交付工作成果，定作人支付报酬的合同；劳务合同是指劳务提供人与劳务接受人依照法律规定签订协议，劳务提供人向接受人提供劳务活动，接受人向提供人支付劳动报酬的合同。因此，笔者认为应当将标的是工作成果还是劳动力价值作为主要区分标准。根据农村自建房交易习惯，房主一般是按照维修或建造一间房多少钱为标准与承包人约定报酬，承包人按照要求完成工作，交付工作成果，因此，农村低层住宅的维修、建造一般属于承揽合同。本案中，王某3承包了陈某4的屋顶维修施工，按面积计算费用，王某3组织维修队按照陈某4的要求完成屋顶维修工作，向陈某4交付维修成果，陈某4支付报酬，就是较为典型的承揽合同。

二、在房屋建造、维修过程中发生事故造成人身损害，房主应当承担怎样的责任

上文提到笔者认为农村低层住宅的维修、建造一般属于承揽合同，那么承揽人在完成工作过程中造成第三人损害或者自己损害的，房主作为定作人不承担侵权责任。但是，房主对定作、指示或者选任有过错的，应当承担相应的责任。

农村或乡镇建设二层以下低矮住房或维修，不适用《中华人民共和国建筑法》的相关规定，法律对承揽人的资质并无强制性规定。如果房主将农村房屋维修交由经常从事农村民房建设，具有当地一般工匠水平的人员进行施工，并提醒施工人员注意施工安全，就不存在定作、选任、指示的过错，不用承担相应的责任。本案中陈某4作为定作人将农村房屋维修交由经常从事农村民房建设，具有当地一般工匠水平的人员进行施工，并提醒施工人员注意施工安全，不存在定作、选任、指示的过错。故陈某4不应承担赔偿责任。

三、雇主应当承担怎样的责任

雇主应当为雇员提供符合安全生产标准的工作条件和设备。如果雇主对雇

员在从事雇佣活动中没有提供安全绳、安全帽、防护网等防止高空坠落的安全防护措施，未尽到安全保障义务，致使雇员人身损害，应当承担赔偿责任。

雇员作为完全民事行为能力人和具有一定判断能力的正常人，应当意识到房屋维修、建造作业可能会产生的危险后果，如果其未尽到安全注意义务，致使其人身损害，对事故的发生也存在过错，可以减轻雇主的民事赔偿责任。

综上，房屋低矮住房的建设、维修应属于承揽合同关系，承揽人根据定作人即房主的要求完成建设、维修工作，发生事故后，房主对定作、选任、指示不存在过错的，不应当承担责任。如果雇主未尽到安全保障义务，致使雇员人身损害，应当承担赔偿责任。本案根据实际情况正确认定农村低矮住房建设维修中的法律关系即承揽合同关系，明确了房主、雇主、雇员之间的民事权利义务，维护了当事人的合法权益，为类案的解决提供了审判思路。

编写人：山东省高唐县人民法院　陈凡

12

农村建房施工合同关系中的提供劳务者受害责任的认定

——彭某2诉黄某1等提供劳务者受害责任案

【案件基本信息】

1. 裁判书字号

湖南省娄底市娄星区人民法院（2022）湘1302民初170号民事判决书

2. 案由：提供劳务者受害责任纠纷

3. 当事人

原告：彭某2

被告：黄某1、刘某3、胡某4、肖某5

【基本案情】

刘某3、黄某1将位于某社区居民委员会共有的四层半的自建房屋工程承包给了肖某5，后来肖某5将其中的砌砖以及装楼梯分包给了胡某4，胡某4承包后招用了彭某2从事吊砖等工作。2020年7月3日，彭某2在二楼吊砖时，从二楼坠落受伤。彭某2于2020年7月6日在市第一人民医院住院治疗，被诊断为：1. 胸12椎体骨折，腰1椎体骨折；2. 头部外伤后反应；3. 全身多处软组织挫擦伤。2020年8月5日，彭某2出院，共住院30天，共花费医疗费用45418.25元。之后，彭某2因伤花费检查费及药费共计2520.46元，还购买了外固定支具花费2200元。2020年12月15日，彭某2委托甲司法鉴定中心对其伤残等级、后续治疗费用、误工期、护理期、营养期进行鉴定，甲司法鉴定中心于2020年12月17日出具司法鉴定意见书。

后黄某1、刘某3提出重新鉴定，法院于2021年12月1日委托乙司法鉴定所对其伤残等级、后续治疗费用、误工期、护理期、营养期进行重新鉴定。该鉴定所于2021年12月8日出具司法鉴定意见书，鉴定意见为：1. 被鉴定人彭某2胸12椎体压缩性骨折并左侧椎板、棘突粉碎性骨折，评定为九级伤残；2. 误工期180天，护理期90天，营养期90天；3. 彭某2损伤已基本愈合，内固定物取出，现已医疗终结，后期无需继续治疗。黄某1、刘某3花费鉴定费3224元。彭某2受伤后，黄某1、刘某3垫付了医药费13653元。

彭某2的母亲童某6共生育子女七人，彭某2与聂某7生育有一女儿聂某8。彭某2曾就受伤事宜将贺某10、刘某9、胡某4起诉至法院，后经查明案涉房屋屋主并非贺某10、刘某9，彭某2遂撤诉。

【案件焦点】

农村自建房人身损害赔偿案件的责任承担划分。

【法院裁判要旨】

湖南省娄底市娄星区人民法院经审理认为：肖某5经法院合法传唤无正当理由拒不到庭参加诉讼，视为放弃相应的诉讼权利，不影响法院依据查明的事实依法作出裁判。

本案系提供劳务受害者责任纠纷，根据《中华人民共和国侵权责任法》第三十五条规定，个人之间形成劳务关系，提供劳务的一方因劳务造成他人损害的，由接受劳务一方承担侵权责任。提供劳务一方因劳务自己受到损害的，根据双方的过错承担相应责任。本案彭某2听从胡某4的指示修建黄某1、刘某3的自建房屋，且由胡某4发放工资，彭某2与胡某4之间形成了劳务关系，胡某4作为接受劳务的一方，在彭某2提供劳务的过程中未尽到安全管理保障义务存在过错，应当承担赔偿责任。关于肖某5在本案中的地位问题。肖某5虽未到庭应诉，但曾在（2021）湘1302民初3034号民事案件中作为证人出庭作证，认可胡某4是其喊去做事的，黄某1、刘某3一方陈述房子建设是承包给肖某5，工程款也是付给肖某5的，而胡某4亦陈述工资是由肖某5给他，他再发放给工人，综上，能够认定黄某1、刘某3将案涉房屋承包给肖某5，肖某5又将部分工程分包给胡某4的事实，因案涉房屋有四层半以上，《建设部关于加强农民住房建设技术服务和管理的通知》第六条规定："三层（含三层）以上的农民住房建设管理要严格执行《建筑法》、《建设工程质量管理条例》等法律法规的有关规定。"《中华人民共和国建筑法》第二十六条规定："承包建筑工程的单位应当持有依法取得的资质证书，并在其资质等级许可的业务范围内承揽工程。禁止建筑施工企业超越本企业资质等级许可的业务范围或者以任何形式用其他建筑施工企业的名义承揽工程。禁止建筑施工企业以任何形式允许其他单位或者个人使用本企业的资质证书、营业执照，以本企业的名义承揽工程。"另根据《最高人民法院关于审理人身损害赔偿案件适用法律若干问题的解释》（法释〔2003〕20号）第十一条的规定，黄某1、刘某3作为房主将工程发包给无资质的肖某5，肖某5又将其中部分工程分包给无资质的胡某4，四被告之间应当承担连带赔偿责任。彭某2在作业时，未注意自身安全，自行承担20%的责任。黄某1、刘某3、肖某5、胡某4在施工过程中未采取安全防护措施，没有尽到提醒义务和安全防范义务，结合本案的实际情况，由黄某1、刘某3共同承担20%，肖某5承担20%，胡某4承担40%，四被告相互之间承担连带责任。

经审定，彭某 2 的医疗费、伤残赔偿金、误工费、护理费、住院伙食补助费、营养费、鉴定费、交通费、残疾辅助器具费、被抚养人生活费、被赡养人生活费、精神损失费共计 306768 元。

湖南省娄底市娄星区人民法院依照《中华人民共和国侵权责任法》第三十五条，《中华人民共和国建筑法》第二十六条，《最高人民法院关于审理人身损害赔偿案件适用法律若干问题的解释》（法释〔2003〕20 号）第十一条、第十九条、第二十条、第二十一条、第二十二条、第二十三条、第二十四条、第二十五条、第二十六条、第二十八条，《最高人民法院关于适用〈中华人民共和国民法典〉时间效力的若干规定》第一条，《中华人民共和国民事诉讼法》第六十七条、第一百四十七条，《最高人民法院关于适用〈中华人民共和国民事诉讼法〉的解释》第九十条之规定，判决如下：

一、彭某 2 因伤所致的合理经济损失共计 306768 元，由黄某 1、刘某 3 赔偿彭某 2 经济损失共计 47700.6 元（已核减垫付的 13653 元），由肖某 5 赔偿彭某 2 经济损失共计 61353.6 元，由胡某 4 赔偿彭某 2 经济损失共计 122707.2 元，其余损失由彭某 2 自行负担；刘某 3、黄某 1、肖某 5、胡某 4 相互承担连带责任，上述款项限于本判决生效后十日内支付；

二、驳回彭某 2 的其余诉讼请求。

判决作出后，当事人未上诉，判决已经发生法律效力。

【法官后语】

近年来，随着乡村振兴的不断推进，农村人居环境得到改善，越来越多的村民选择自建新房。村民往往将房屋建造工程发包给包工头，包工头雇佣工人为其提供劳务，工人在施工过程中意外受伤，实务中对其赔偿责任该如何分配存在许多疑问。

根据《村庄和集镇规划建设管理条例》第二十三条第一款规定，“承担村庄、集镇规划区内建筑工程施工任务的单位，必须具有相应的施工资质等级证书或者资质审查证书，并按照规定的经营范围承担施工任务”，居民自建两层

(不含两层)以上的，或工程投资额在30万元以上的，或建筑面积300平方米以上的工程应寻找有资质的正规施工单位并严格审查签订书面承揽协议。村民自建房屋时，如满足上述情形应将房屋交由具有相应施工资质的正规施工单位承建，否则需承担房屋建设中产生的法律风险。目前我国的法律法规对于农村自建房屋根据层高区分了农村低层住房和高层住房，二层及二层以下的住房并无建筑资质的要求，三层及三层以上的则要求有建筑资质。建房过程中各主体之间的法律关系，根据其所采取的形式不同对应不同的法律关系。

一般劳务关系中，提供劳务者因雇佣活动遭受人身损害，接受劳务者(雇主)应当承担赔偿责任，该赔偿责任为过错责任，雇主的责任应与其过错相适应。建设工程合同关系中的雇主责任与一般劳务关系中的雇主责任相近，亦为过错责任，但同时，若发包人、分包人知道或应当知道接受发包或者分包业务的雇主没有相应资质或者安全生产条件的，亦应与雇主承担连带赔偿责任，此时的赔偿义务人范围更广，对赔偿权利人来说，其权利实现的保障更为充分。而承揽关系中定作人责任相较最轻，其对承揽人因承揽工作受害事故不承担赔偿责任，除非承揽人能够举证证明定作人对定作、指示或者选任存在过失时，定作人方承担与其过错相应的赔偿责任。由此可见，在提供劳务者(雇员)受害责任纠纷案件中，建设工程合同关系项下赔偿主体范围最广，已突破了劳务关系自身的相对性，发包人、分包人在一定情形下也须与雇主一并承担连带赔偿责任，该连带责任的基础为各自未尽到安全生产保障义务的混合过错。而承揽关系中的定作人责任最轻，其仅就定作、指示、选任过失承担过错责任。

与此同时，应注意保护劳务者的合法权益，在划分过错责任时对劳务者的注意义务不应过分苛责。因劳务者往往处于劳务关系中的弱势地位，在工作条件、安全生产保障等问题上欠缺话语权，且囿于实践中普遍存在的口头劳务合同，一旦发生纠纷，劳务者一方举证困难。本着保护劳务者权益、兼顾公平原则，对提供劳务一方的过错认定应以必要的注意义务为限，结合案件事实、生产生活习惯，如劳务者确实未尽到必要注意义务的方达到过错认定基准。

本案中，房主将其建房工程发包给不具有资质的自然人，该承包人又将其中部分工程分包给不具有资质的他人，明显存在过错。在人身损害事故发生后，对于被侵权人在施工活动中所遭受的人身损害，应当依照建设工程施工合同的规定来明确其责任的承担。同时，被侵权人在工作过程中因需要服从分包人的指示，在人身方面受其支配和控制，不具有独立性，双方之间的法律关系符合劳务关系的特征，应当根据法律关于劳务关系的规定承担赔偿责任。

编写人：湖南省娄底市中级人民法院　苏璞

湖南省娄底市娄星区人民法院　刘艳姿　李永祯

13

损害赔偿纠纷中体现公平原则的问题

——黄某1等诉邓某3等提供劳务者受害责任案

【案件基本信息】

1. 裁判书字号

广东省肇庆市中级人民法院（2022）粤12民终211号民事判决书

2. 案由：提供劳务者受害责任纠纷

3. 当事人

原告（上诉人）：黄某1、陈甲、陈乙、陈丙、陈丁、陈某2、陈戊

被告（被上诉人）：邓某3、何某4、某实业公司

【基本案情】

道旁生长有4棵高大的桉树，树势倾斜向某实业公司花园，某实业公司的何总认为如果发生山体滑坡的时候，可能对某实业公司新建的办公楼造成安全隐患，2020年9月21日，通过陈某5联系人将上述4棵桉树砍掉。陈某5联系

陈某6，由陈某6自带工具砍伐桉树，所砍桉树木材当作报酬归陈某6所有。2020年9月22日，陈某6砍伐上述桉树，其间发生意外，被砍伐折断的桉树木压倒在地而受伤。当天，陈某6被接往镇中心卫生院进行急救，同日转入县人民医院入院治疗，住院1天，2020年9月23日陈某6的亲属放弃治疗，陈某6出院后死亡。事情发生后，某实业公司给陈某6家属20000元用于抢救陈某6。2020年9月26日，陈某6家属向派出所报案。陈某6死亡造成医疗费、丧葬费、死亡赔偿金等损失合计1048927.49元。

【案件焦点】

1. 从本案整个损害行为发生的经过，民事行为特性、要件进行综合分析，是否可以判断确认该民事行为是承揽合同关系，而非劳务雇佣关系；2. 无过错但得到相对利益的一方，在受益范围内应否给予损失一方适当补偿。

【法院裁判要旨】

广东省怀集县人民法院经审理认为：本案的损害事实发生在《中华人民共和国民法典》施行前，根据《最高人民法院关于适用〈中华人民共和国民法典〉时间效力的若干规定》第一条第二款的规定，适用当时的法律、司法解释的规定处理。根据当事人的举证陈述，以及法院到现场勘查可知，某实业公司靠近路段的山坡上种植有桉树，因下面的道路扩宽形成斜坡，如遇下雨等因素会造成种植在斜坡上的桉树因山体滑坡而倾倒，会对上面位置某实业公司的花园造成一定的影响。何某4作为该公司的法定代表人委托时任村干部的邓某3联系树主，购买四棵桉树并进行砍伐以消除安全隐患，是履行其管理职责，某实业公司与邓某3构成委托代理关系。邓某3作为代理人与陈某6约定由陈某6砍伐购买得来的桉树，对某实业公司发生效力。砍伐期间某实业公司与陈某6不存在控制、支配和从属的关系，陈某6只是提供工具、技术和劳力完成砍伐四棵桉树的劳动成果，所得“报酬”是砍伐下来的桉树木材，故此应认定双方是承揽合同关系而非雇佣关系。陈某6作为承揽人在砍树时不注意安全，被砍伐折断的树木压倒在地受伤而死亡，是造成损害事实发生的原因。根据《最高人民法院关于审理人身损害赔偿案件适用法律若干问题的解释》（法释〔2003〕20号）第十条的规定，某实业公司作为定作人，对损害事实的发生没有过错，不应当承担相应的赔偿责任。同时考虑到陈某6砍伐桉树是为了某实业公司消除其花园的安全隐患，其因此事而死亡对其家庭造成较大的损害，结合原告的诉请范围，法院确认其损失包括：1. 医疗费（以医疗票据为准）22767.49元，凭据支付；2. 丧葬费63800元，127600元/年×6个月=63800元；3. 死亡赔偿金962360元，2020年1月1日后在广东省发生的人身损害统一按照城镇居民标准计算死亡赔偿金，48118元/年×20年=962360元；合计1048927.49元。根据《最高人民法院关于审理人身损害赔偿案件适用法律若干问题的解释》（法释〔2003〕20号）第十五条的规定，某实业公司作为受益人宜给予黄某1等适当的补偿。扣除邓某3在医院经手代支的2万元，法院酌定由某实业公司再补偿8万元给黄某1等人。

广东省怀集县人民法院依照《中华人民共和国民法总则》第六十二条第一款、第一百六十二条，《中华人民共和国合同法》第二百五十一条第一款，《最高人民法院关于审理人身损害赔偿案件适用法律若干问题的解释》（法释〔2003〕20号）第十条、第十五条，《中华人民共和国民事诉讼法》第六十四条第一款的规定，作出如下判决：

一、某实业公司在本判决生效之日起十五日内补偿8万元给黄某1、陈甲、陈乙、陈丙、陈丁、陈某2、陈戊；

二、驳回黄某1、陈甲、陈乙、陈丙、陈丁、陈某2、陈戊的其他诉讼请求。

黄某1等人不服一审判决，提起上诉。

广东省肇庆市中级人民法院同意一审法院裁判意见，判决：驳回上诉，维持原判。

【法官后语】

在现实生活中，承揽合同关系、劳务雇佣关系的民事法律行为较为常见，在处理该类民事法律行为纠纷过程中，往往需要仔细辨析两个问题，一是承揽合同与雇佣之间的共性与区别，二是损害赔偿金纠纷中如何适用公平原则。

一、承揽合同关系的认定

《中华人民共和国民法典》第七百七十条对承揽合同关系作了定义，承揽合同是承揽人按照定作人的要求完成工作，交付工作成果，定作人支付报酬的合同。具有以下几个法律特性：一是完成并交付工作成果；二是按照定作人的要求来完成工作成果，且用特定承揽人的设备、技能、劳力等完成，工作成果所有人属于定作人，承揽人仅获取报酬；三是承揽行为具有一定的人身性，是基于对特定的承揽人的设备、技能、劳力等的信赖为基础，且承揽人凭借自身的设备、技能、劳力等完成工作成果，具有独立性，不受定作人指挥或管理；四是承揽合同关系属于诺成、有偿、双务、不要式合同。本案中，某实业公司委托邓某3与陈某6约定由陈某6砍伐桉树，某实业公司对陈某6不存在指挥或管理的关系，陈某6凭借自己的工具、技术和劳力完成砍伐四棵桉树，完成被告某实业公司想要达到的目的（成果），所得“报酬”是砍伐下来的桉树。这种民事行为特性完全符合承揽合同关系的特点和条件，因此，法院认定某实业公司与陈某6之间是承揽合同关系是有事实和法律依据的。

不仅是本案，在现实民事法律行为当中承揽与雇佣两种民事法律行为表象条件较为相似，同属劳务供给合同，两者均具有提供劳务，诺成、有偿、双务、不要式合同等特征，两种行为不易区分，需要我们注意。在2003年发布实施的《最高人民法院关于审理人身损害赔偿案件适用法律若干问题的解释》（法释〔2003〕20号）第九条第二款对从事雇佣活动作了定义，是指从事雇主授权或者指示范围内的生产经营活动或者其他劳务活动。雇员的行为超出授权范围，但其表现形式是履行职务或者与履行职务有内在联系的，应当认定为“从事雇佣活动”。从两者的概念，承揽与雇佣存在区别，首先，目的上有区别。承揽是以提交符合定作人要求的工作成果，承揽者收取一次性报酬为目的；雇佣则是以直接提供劳务，受雇者收取报酬为目的，报酬可以是一次性，也可以是连续性。其次，方式、内容有区别。承揽关系中，定作者对完成工作所需的工作场所、工具或设备等并不提供，而雇佣关系中受雇佣者一般是在雇佣者指定的工作场所、使用雇佣者提供的工具或设备以及时限要求上完成工作的。再次，是否具有人身从属性有区别。承揽关系中定作人仅对定作物提出要求，对承揽者如何去完成定作物并不参与指导、控制、管理，完全由承揽者单独完成，虽然是对特定的承揽人的设备、技能、劳力等的信赖，但并不存在人身从属性；雇佣关系中受雇佣者在完成劳务过程中其意志受雇佣者的支配与约束，如指挥、控制和管理等，并非单独完成工作，存在一定的人身从属性。最后，承担的风险不同。承揽关系中承揽者的劳务并不能直接为定作人创造经济利益和其他物质利益，定作人对承揽者完成定作物的过程产生的风险不承担责任；雇佣关系中具有较强的人身从属性，受雇佣者是作为雇佣者行为的延伸，直接为雇佣者创造经济利益和其他物质利益，雇佣者对受雇佣在劳务过程中造成本人或第三者损害都承担赔偿责任。

二、损害赔偿纠纷中公平原则的适用问题

本案中，邓某3砍树行为是承揽合同关系，某实业公司不存在过错，不承担赔偿责任，法院酌情判决某实业公司赔偿黄某1等人10万元损失是适用公平原则作出的。《中华人民共和国民法典》第一千一百八十六条规定适用公平原则需要以法律规定为前提，《中华人民共和国民法典》规定适用公平原则的情形主要有：第一百八十二条关于紧急避险的情形、第一百八十三条关于因保护他人民事权益受损时的责任承担与补偿办法的情形、第一千一百九十条关于完全民事行为能力人暂时丧失心智造成损害的情形、第一千二百五十四条关于高空抛物查不到具体侵权人的情形等。本案的损害事实发生在《中华人民共和国民法典》生效之前，按照《最高人民法院关于适用〈中华人民共和国民法典〉时间效力的若干规定》第一条的规定，适用当时的法律、司法解释的规定。《中华人民共和国侵权责任法》第二十四条规定受害人和行为人对损害的发生都没有过错的，可以根据实际情况，由双方分担损失。该条规定法院可以根据实际情况适用公平原则。结合《最高人民法院关于审理人身损害赔偿案件适用法律若干问题的解释》（法释〔2003〕20号）相关规定，法院适用公平原则主要应考虑的实际情况包括双方当事人行为与损害后果的因果关系、行为人获益情况、行为的赔偿能力等。考虑到陈某6的砍树行为是为某实业公司消除安全隐患，某实业公司是该行为的受益者的实际情况，符合适用公平原则的精神，结合某实业公司的经济条件，从平衡双方利益的角度出发，判决某实业公司在受益范围内补偿陈某6的损失具有合理性，符合我国社会主义核心价值观。

编写人：广东省怀集县人民法院　黄美群

三、雇主与提供劳务者的责任划分

14

多重法律关系中安全生产责任之界定

——叶某 1 等诉冯某 7 等提供劳务者受害责任案

【案件基本信息】

1. 裁判书字号

广西壮族自治区贵港市中级人民法院（2022）桂 08 民终 1974 号民事判决书

2. 案由：提供劳务者受害责任纠纷

3. 当事人

原告（被上诉人）：叶某 1、林某 2、叶某 3、叶某 4、黄某

被告（上诉人）：何某 6、冯某 7

被告：冯某 8、覃某 9、刘某 10、邱某 11、吴甲、吴乙、吴某 12、中国甲财产保险股份有限公司平南支公司（以下简称甲保险公司）

【基本案情】

2020 年 11 月 30 日，冯某 7 与某矿业公司的老板吴某 13 签订了土地租赁协议，租用某矿业公司碎石场内的一块闲置地块作堆土使用。冯某 7 规划利用这块场地储存废弃的泥土，把这些废弃的泥土卖给某某水泥公司。2021 年 6 月 2

日，冯某7让他的大儿子冯某8通过吴某13的介绍认识何某6，双方在某矿业公司办公室商议搭建星铁皮铁棚的工程，并达成了口头协议：把搭建星铁皮铁棚的工程承包给何某6，何某6负责安排工人和吊车，冯某8负责出资购买工程材料；拟搭建的星铁皮铁棚面积约4500平方米，每平方米工价约30元，完工后按实际工程面积结算。事后何某6找到叶某甲、刘某10、邱某11、吴甲、吴乙、吴某12、覃某9等人，何某6与几人商定了工钱按天计算，由何某6支付给各人。6月15日，何某6带领叶某甲等工人们进场开工。7月2日，冯某8托朋友邓某支付过一笔工钱30000元给何某6。

2021年7月23日8时，工人们到达工地开始施工，各人的分工为：邱某11和吴甲负责在地面铡铁，施工位置在吊车以东8米地面；吴乙和吴某12前后爬上铁架顶，吴乙负责焊接铁架顶左角的星铁皮围封，吴某12负责焊接铁架顶右角的星铁皮围封；另外，叶某甲和刘某10爬上了铁架相邻的围墙内侧，叶某甲负责焊接铁架下方左角的星铁皮围封，刘某10负责焊接铁架下方右角的星铁皮围封；吊车司机覃某9负责把星铁皮调到指定位置后就固定不动，由铁架上的4人焊接好铁架4个角的围封。10时许，吊车司机覃某9把星铁皮吊到指定位置，何某6发现星铁皮和铁架距离较远还没摆正到位，便指挥铁架顶上的吴乙和吴某12停下手上的工先协助摆正星铁皮再继续进行焊接。吴乙在焊接方通钢条时，星铁皮晃动碰到方通钢条导致方通钢条掉落，直接砸中铁架下方叶某甲的头部，致其头部受伤跌落到地面。后叶某甲被送至某县人民医院进行抢救，该院于2021年7月23日11：20宣布患者临床死亡，死亡诊断为：1. 心跳呼吸骤停；2. 重型颅脑外伤。

事故发生后，某县应急管理局于2021年7月26日牵头成立了某县某镇某村某屯"7·23"物体打击致人死亡事故调查组。2021年9月15日，该调查组作出《某县某镇某村某屯"7·23"物体打击致人死亡事故调查报告》，认定本事故是一起发包方违规发包；承包方现场管理不到位，未正确履行其安全生产职责；工人安全意识淡薄而造成的一般生产安全责任事故。冯某7把工程发包给不具备相应资质条件的何某6建设，对事故发生负有重要责任；何某6聘用无高处作业资质工人上岗，未组织制定并实施安全生产规章制度和安全操作规程，未组织制定并实施安全教育和培训，未督促、检查安全生产工作，未及时消除生产安全事故隐患，未为施工工人配备相应的劳动防护用品并监督、教育按照使用规则佩戴、使用，对事故发生负有重要责任；叶某甲未经过正规培训获得特种作业证上岗，未佩戴安全帽开展高空作业，对事故发生负有一定责任。2021 年 9 月 24 日，某县人民政府批复同意该调查报告。

涉案事故受害者叶某甲与黄某是夫妻关系，生育有叶某 3、叶某 4 两个儿子。叶某 1 与林某 2 是夫妻关系，生育有叶某甲、叶某乙、叶某丙三个子女。事故发生后，叶某 1 等人获得何某 6 垫付款 40000 元和冯某 7 垫付款 40000 元。

另查明，涉案汽车起重机车牌号为桂 R××5，登记在覃某 9 名下，在甲保险公司投保了交强险及机动车第三者责任保险 100 万元，交强险及商业险保险期间均是自 2021 年 3 月 6 日 0 时 0 分起至 2022 年 3 月 5 日 24 时 0 分止。事故发生时，覃某 9 持有 A2D 机动车驾驶证及建设机械施工作业操作证（操作项目为汽车式起重机操作）。2022 年 7 月 23 日 16 时 13 分，覃某 9 就本案事故向甲保险公司报案，甲保险公司建议报交警处理。

【案件焦点】

民事责任如何划分。

【法院裁判要旨】

广西壮族自治区贵港市平南县人民法院经审理认为：关于叶某 1 等人合理合法的经济损失问题。叶某 1 等人主张损失按照《2021 年广西道路交通事故人身损害赔偿项目计算标准》进行计算，要求赔偿死亡赔偿金 717180 元、丧葬费 42056 元符合法律规定，法院依法予以支持。关于被扶养人生活费，叶某甲需与两个兄姐共同赡养父亲 14 年、母亲 16 年，需与妻子黄某共同抚养长子 3 年、次子 7 年。因叶某甲有多个被扶养人，年赔偿总额累计不能超过上一年度城镇居民人均消费性支出额，故被扶养人生活费为 257853 元［（20907 元/年×7 年）+（20907 元/年×7 年×2 人÷3 人）+（20907 元/年×2 年×1 人÷3 人）］。由于被扶养人生活费应计入死亡赔偿金，故死亡赔偿金共为 975033 元（717180 元 +257853 元）。关于精神损害抚慰金，叶某甲的死亡确实给叶某 1 等人带来了极大的精神伤害，因此，冯某 7 应当赔偿叶某 1 等人相应的精神抚慰金，结合当事人的过错程度及受诉法院所在地的平均生活水平，法院酌情支持 40000 元。关于处理丧葬事宜误工费、交通费，该费用均已涵盖在丧葬费之中，因法院已支持了叶某 1 等人的丧葬费，故不予支持。综上，叶某 1 等人的损失：死亡赔偿金 975033 元、丧葬费 42056 元、精神抚慰金 40000 元，以上合计 1057089 元。

关于本案中各当事人之间法律关系的认定问题。冯某 8 根据其父亲冯某 7 的委托，联系何某 6 商议搭建星铁皮铁棚工程事宜，冯某 7 与冯某 8 形成委托关系，冯某 8 是代理人，冯某 7 是被代理人。冯某 8 根据其父亲冯某 7 的委托，将搭建星铁棚的工程发包给何某 6 建设，约定由何某 6 负责安排工人和吊车，冯某 8 负责出资购买工程材料；拟搭建的星铁皮铁棚面积约 4500 平方米，每平方米工价约 30 元，完工后按实际工程面积结算。冯某 7 与何某 6 之间形成承揽关系，冯某 7 是定作人，何某 6 是承揽人。何某 6 承接工程后，找到叶某甲、刘某 10、邱某 11、吴甲、吴乙、吴某 12、覃某 9 等人，并与几人商定了工钱按天计算，由何某 6 支付给各人。于事发时，何某 6 在现场指挥管理叶某甲等人从事涉案星铁棚的搭建工作。何某 6 与叶某甲、刘某 10、邱某 11、吴甲、吴乙、吴某 12、覃某 9 之间形成劳务关系，何某 6 是接受劳务一方，叶某甲、刘某 10、邱某 11、吴甲、吴乙、吴某 12、覃某 9 是提供劳务一方。

关于本案民事责任应如何划分的问题。事故调查组作出的《某县某镇某村某屯“7·23”物体打击致人死亡事故调查报告》，认定本事故属于一般生产安全责任事故，冯某 7、何某 6 对事故发生负有重要责任，叶某甲对事故发生负有一定责任。但该事故调查报告认定的责任主要从生产安全责任角度认定，并不等同于民事法律赔偿责任。民事侵权的赔偿责任的分配不应当单纯以生产安全责任划分来确定，而是应当从损害行为、损害后果、行为与后果之间的因果关系及主观方面的过错程度等方面来进行综合考虑。第一，关于冯某 7 的民事责任认定问题。冯某 7 作为定作人，选任不具备相应资质条件的何某 6 建设涉案星铁棚工程，在选任方面存在过失，酌情认定其承担 20%民事责任。第二，关于冯某 8 的民事责任认定问题。冯某 8 是代理人，代理人以被代理人名义施行的民事行为，其法律后果由被代理人即冯某 7 负担，故冯某 8 在本案中依法不应承担民事责任。第三，关于何某 6、刘某 10、邱某 11、吴甲、吴乙、吴某 12、覃某 9 的民事责任认定问题。何某 6 在执行承揽活动中雇佣无高处作业资质的工人上岗，未为施工人员配备相应的劳动防护用品，未及时消除现场安全隐患，未尽管理和安全保障义务，在管理上存在明显的过错，且根据《中华人民共和国民法典》第一千一百九十二条“个人之间形成劳务关系，提供劳务一方因劳务造成他人损害的，由接受劳务一方承担侵权责任”规定，结合本案事情的起因、情节、损害结果以及过错程度，酌情认定由何某 6 承担 60%民事责任，刘某 10、邱某 11、吴甲、吴乙、吴某 12、覃某 9 在本案中不承担侵权责任。第四，关于死者叶某甲的民事责任认定问题。叶某甲作为完全民事行为能力人，未取得特种作业操作证，亦未佩戴安全帽开展高空作业，自我防护安全意识不强，自身存在一定过错，酌情认定其自负 20%民事责任。

关于甲保险公司是否是本案适格被告、应否承担赔偿责任问题。根据《中华人民共和国民事诉讼法》第一百二十二条“起诉必须符合下列条件：（一）原告是与本案有直接利害关系的公民、法人和其他组织；（二）有明确的被告；（三）有具体的诉讼请求和事实、理由；（四）属于人民法院受理民事诉讼的范围和受诉人民法院管辖”规定，本案属于法院受理民事诉讼范围，甲保险公司是明确的被告，叶某 1 等人将甲保险公司作为本案被告提起诉讼符合法律规定。虽然甲保险公司是本案的被告，但是本案中叶某 1 等人以提供劳务者受害责任纠纷为案由主张权利，甲保险公司承保的涉案车辆驾驶人覃某 9 在本案中不需要承担责任，故甲保险公司在本案中不需要承担赔偿责任。

广西壮族自治区平南县人民法院依照《中华人民共和国民法典》第一百六十一条、第一百六十二条、第一千一百九十二条、第一千一百九十三条，《最高人民法院关于审理人身损害赔偿案件适用法律若干问题的解释》第一条、第十四条、第十五条、第十六条、第十七条，《最高人民法院关于确定民事侵权精神损害赔偿责任若干问题的解释》第五条，《最高人民法院关于适用〈中华人民共和国民事诉讼法〉的解释》第九十条之规定，判决如下：

一、冯某7赔偿173417.80元给叶某1、林某2、叶某3、叶某4、黄某；

二、何某6赔偿600253.40元给叶某1、林某2、叶某3、叶某4、黄某；

三、驳回叶某1、林某2、叶某3、叶某4、黄某的其他诉讼请求。

何某6、冯某7不服一审判决，提起上诉。

广西壮族自治区贵港市中级人民法院经审理认为：

1. 关于本案各方之间法律关系的问题。事故发生后，某县应急管理局牵头成立调查组对事故过程进行调查，调查报告说明冯某7的大儿子冯某8通过他人介绍认识何某6，双方商议后，冯某8代表冯某7将案涉搭建星铁皮铁棚工程承包给何某6，之后何某6找到叶某甲、刘某10、邱某11、吴甲、吴乙、吴某12、覃某9等人，在商定了工钱后进场开工。因此，一审结合调查报告等到案证据，认定冯某7与冯某8形成委托关系、冯某7与何某6形成承揽关系、何某6与叶某甲、刘某10、邱某11、吴甲、吴乙、吴某12、覃某9形成劳务关系正确，法院依法予以维持。

2. 关于本案事故责任如何划分的问题。本案中，冯某7选任不具备相应资质条件的何某6建设案涉工程，在选任方面存在过错；何某6在工程建设中雇佣无高处作业资质的叶某甲等工人上岗，其未尽管理和安全保障义务，在管理上存在重大过错；而叶某甲作为完全民事行为能力人，未取得特种作业操作证，且系在未佩戴安全帽等防护措施的情况下开展高空作业，自身亦存在过错；一审结合本案实际情况，认定冯某7、何某6、叶某甲按20%：60%：20%比例承担事故责任，其余当事人不承担事故责任，该认定并无不当。冯某7、何某6提出一审认定责任比例不当的主张，与查明事实不符，法院依法不予采纳。

3. 关于被扶养人生活费是否应支持的主张。冯某7、何某6提出不应将被扶养人生活费计入赔偿金额中的主张。《最高人民法院关于审理人身损害赔偿案件适用法律若干问题的解释》（法释〔2022〕14号）第十七条规定，被扶养人生活费根据扶养人丧失劳动能力程度，按照受诉法院所在地上一年度城镇居民人均消费性支出和农村居民人均年生活消费支出标准计算。第十六条规定，被扶养人生活费计入残疾赔偿金或者死亡赔偿金。根据上述规定，人身损害赔偿的损失仍应计算被扶养人生活费，只是将被扶养人生活费计入残疾赔偿金。冯某7、何某6该上诉主张与法律规定不符，法院依法不予采纳。

综上所述，何某6与冯某7的上诉理由均不能成立，对其上诉请求，应予驳回。

广西壮族自治区贵港市中级人民法院依照《中华人民共和国民事诉讼法》第一百七十七条第一款第一项规定，判决如下：

驳回上诉，维持原判。

【法官后语】

安全生产事故频发严重影响我国经济社会的健康发展，背离以人为本的发展要求，生产责任的合法合理界定关系受侵害主体的切身合法权益，多重法律关系影响下的安全生产责任较为复杂，需要明确的法律规范来指引界定。

一、关于安全生产责任的法律基础

关于安全生产责任，《中华人民共和国安全生产法》的规定较为原则。《中华人民共和国安全生产法》第五十六条规定，生产经营单位发生生产安全事故后……因生产安全事故受到损害的从业人员，除依法享有工伤保险外，依照有关民事法律尚有获得赔偿的权利的，有权提出赔偿要求。该法第一百一十六条规定，生产经营单位发生生产安全事故造成人员伤亡、他人财产损失的，应当依法承担赔偿责任。虽然《中华人民共和国安全生产法》明确了经营单位的赔偿责任、受损害人员获得赔偿的权利，但是上述规定原则性较强，也没有说明向个人或第三人提出赔偿的问题，于实践而言，可操作性急需细化。例如，本案关于民事责任如何划分的问题，事故调查组作出《某县某镇某村某屯“7·23”物体打击致人死亡事故调查报告》，认定本事故属于一般生产安全责任事故，冯某7、何某6对事故发生负有重要责任，叶某甲对事故发生负有一定责任。但是，重要责任、一定责任如何裁定，是值得进一步思考的问题，该事故调查报告认定的责任主要从生产安全责任角度认定，并不等同于民事法律赔偿责任。

实践中，安全生产涉及的责任主体较多，包括生产经营单位、组织者、工作人员及第三人等，仅从《中华人民共和国安全生产法》的角度难以精准确定各主体的责任承担份额，为解决该问题，可从民事侵权损害赔偿责任方面来思考。《中华人民共和国民法典》第一千一百九十八条规定，宾馆、商场、银行、车站、机场、体育场馆、娱乐场所等经营场所、公共场所的经营者、管理者或者群众性活动的组织者，未尽到安全保障义务，造成他人损害的，应当承担侵权责任。因第三人的行为造成他人损害的，由第三人承担侵权责任；经营者、管理者或者组织者未尽到安全保障义务的，承担相应的补充责任。经营者、管理者或者组织者承担补充责任后，可以向第三人追偿。该法条明确了经营者、管理者、组织者的安全保障义务、过错侵权责任，也明确了第三人侵权责任负担的情形，对安全生产实践中的责任细化界定有一定的作用。

二、关于安全生产责任的界定规则

安全生产作为安全保障义务存在的领域，应当对生产中存在的风险进行全面考量，但又不应过于扩大安全保障义务的适用范围，否则将会阻碍社会生产的自由开展。因此，有必要从“合理限度”的角度来确定各方的过错责任。由于“合理限度”具有抽象、模糊的特征，需要对此进一步进行阐释、引导。判断生产领域的安全保障义务之“合理限度”应当根据安全生产各主体间所承担的工作、各法律关系的特征来确定相适应的安全保障义务的必要性和可能性，进而从各主体违反必要性和可能性的角度来判断其过错程度。

不同的法律关系是不同的义务来源。根据《中华人民共和国民法典》第五百零九条第一款、第二款的规定，当事人应当按照约定全面履行自己的义务。当事人应当遵循诚信原则，根据合同的性质、目的和交易习惯履行通知、协助、保密等义务。在法条中的“等”字概念外延影响下，当事人合同履行过程中应结合实际情况来赋予、履行义务，确保对方的合法权益。由于本案涉及安全生产，各合同当事人履行合同的外部环境存在风险，将会对合同的履行产生影响。

因此，有必要将安全保障这一法定义务融入各方合同关系中，以此确保各合同得到及时履行，若违反该义务，则应承担相应的责任。

本案体现为：其一，冯某7与何某6之间形成的承揽合同法律关系，冯某7是定作人，何某6是承揽人。安全生产事关重大，冯某7在履行承揽合同中具有严谨审核承揽人资质的必要性法律义务，此义务不存在履行阻碍，具有履行可能性。然而，其最终选任不具备相应资质条件的何某6建设案涉工程，违反了承揽合同关系中保障承揽人资质的法律要求，在选任方面存在过错。其二，何某6与叶某甲等人之间形成的是劳务合同关系，何某6是接受劳务一方，叶某甲等人是提供劳务一方。何某6在履行劳务合同中对工人资质条件进行把控具有必要性和可能性，其却雇佣无高处作业资质的叶某甲等工人上岗，违反劳务关系中作业资质的安全保障义务，在管理上存在重大过错，应承担责任。其三，叶某甲系提供劳务一方，作为完全民事行为能力人，未取得特种作业操作证，且在未佩戴安全帽等防护措施的情况下开展高空作业，属于自甘风险的情形，自身亦存在过错，应承担部分责任。法院结合案件实际情况最终以各主体违反合同义务的过错程度认定冯某7、何某6、叶某甲按20%:60%:20%比例承担事故责任，合法合理，其余当事人则基于代理关系、劳务关系的责任归属而不承担生产事故责任。

多重法律关系中安全生产责任之认定离不开各法律关系主体的义务确认，并以义务的违反情况来确定各主体在履行中的过错程度，更能有效确定各主体应负担的生产责任。

编写人：广西壮族自治区平南县人民法院　陈厚福

15

劳务提供者因劳务受到损害，根据双方过错承担责任

——亚某某、阿某某诉莫某某等提供劳务者致害责任案

【案件基本信息】

1. 裁判书字号

新疆维吾尔自治区阿瓦提县人民法院（2022）新2928民初1629号民事判决书

2. 案由：提供劳务者致害责任纠纷

3. 当事人

原告：亚某某、阿某某

被告：莫某某、莫甲、王某某、保险公司

【基本案情】

2021年10月10日，死者麦某某受莫某某雇用为其拾棉花。21日19时许，艾某某、麦某某等莫某某雇员一起喝酒至22日凌晨，共饮白酒7瓶；22日9时，艾某某驾驶黄海金马-250型拖拉机挂着拼装平板拖车载麦某某等拾棉花工到地里拾棉花，莫某某看到艾某某驾驶拖拉机未阻止。22日14时，麦某某为方便拉运采摘的棉花，驾驶该拖拉机转移停放地点；艾某某提醒其“没有拖拉机驾驶证不能开车”，麦某某未听劝告，仍驾驶拖拉机转移；半小时后，艾某某发现拖拉机侧翻，麦某某压在拖拉机下，经医生检查麦某某已死亡。

同年11月，县农业农村局作出农机事故责任认定：麦某某违反“从事农业机械驾驶操作的人员须经考试领取驾驶证或操作证后方可驾驶或操作农业机械”“禁止酒后驾驶、操作农业机械”的规定，据《新疆维吾尔自治区农业机

械事故处理办法》关于“双方当事人违章共同造成农机事故的，违章行为在农机事故中作用大的一方负主要责任”的规定，负主要责任。莫某某违反“禁止将农业机械交给无驾驶、操作证的人驾驶、操作”“凡涉及改变农业机械原有安全技术性能的改装，须经农机监理机构同意后方可进行，禁止拼装农业机械”的规定，负次要责任。

案涉拖拉机行驶证登记人为莫某某女儿莫甲，实际所有人为莫某某。莫某某为该拖拉机投保了交强险；王某某为自己雇员投保了雇主责任保险。

另查，死者麦某某未婚，第一顺序继承人：父亲亚某某、母亲阿某某。亚某某与阿某某另有一子，已成家。

【案件焦点】

劳务提供者因自己过错导致其自身受到损害的，责任如何承担。

【法院裁判要旨】

新疆维吾尔自治区阿瓦提县人民法院经审理认为：提供劳务一方因劳务受到损害的，根据双方各自的过错承担相应的责任。本案中，死者麦某某作为莫某某雇佣的拾棉花工，未经车主莫某某同意，不听他人劝阻、无证且在醉酒状态下驾驶拖拉机发生翻车事故致死，其自身过错直接导致其死亡，死者麦某某应自担主要责任。莫某某作为雇主，没有尽到对自己擅自改装、不符合安全标准的拖拉机的管控义务，导致其拖拉机被死者麦某某等任意驾驶，放任危险发生，其未对拖拉机尽到管理职责，对雇员的安全也未尽到安全保障义务，在本案中应当承担次要责任。考虑双方对导致事故发生原因力的大小和主观过错程度，法院认为，死者麦某某承担90%的责任，莫某某承担10%的责任比较合适。

王某某在保险公司为自己雇员投保雇主责任保险，因保险公司对保险合同中免除保险人责任条款的内容以书面形式向投保人王某某作出明确说明，王某某在投保单上亦签字确认，死者麦某某醉酒系无证驾驶拖拉机被压死，王某某既非死者麦某某雇主，也非案涉拖拉机的所有权人，故王某某不应承担赔偿责任，继而保险公司也不承担赔偿责任。案涉拖拉机虽登记在莫甲名下，但莫甲既未对案涉拖拉机控制、使用、管理，也并非死者麦某某的雇主，故在本案中不应承担赔偿责任。

新疆维吾尔自治区阿瓦提县人民法院依照《中华人民共和国民法典》第三条、第一百七十六条、第一千一百六十五条、第一千一百七十九条、第一千一百九十二条，《中华人民共和国保险法》第十条、第十二条、第十七条，《最高人民法院关于审理人身损害赔偿案件适用法律若干问题的解释》第十四条、第十五条、第十六条、第十七条，《中华人民共和国民事诉讼法》第六十七条第一款，《最高人民关于适用〈中华人民共和国民事诉讼法〉的解释》第九十条之规定，判决如下：

一、莫某某赔偿亚某某、阿某某死亡赔偿金、丧葬费、被扶养人生活费合计105138.45元，此款于判决生效后三日内付清；

二、保险公司在雇主责任险范围内不承担赔偿责任；

三、王某某、莫甲在本案中不承担赔偿责任；

四、驳回亚某某、阿某某其他诉讼请求。

双方当事人服判，均未提出上诉，判决现已生效。

【法官后语】

首先，需要搞明白劳务关系与劳动关系的联系与区别。劳务关系是劳动者与用工者根据口头或书面约定，由劳动者向用工者提供一次性的或者是特定的劳务服务，用工者依双方约定向劳动者支付劳务报酬的一种有偿服务的法律关系。在劳务关系中，劳务提供者除了按照用工者的用工要求、按照特定或通常的劳务标准完成相应劳务外，不受用工者的管理，双方只存在财产关系，彼此之间无从属关系，双方没有管理与被管理的权利和义务，劳动者提供劳务服务、用工者支付劳务报酬，双方各自独立、地位平等。提供劳务的一方以本人名义从事劳务活动，独立承担法律责任，且劳务关系中的自然人，一般只获得劳务报酬。在劳动关系中，劳动者与用人单位不仅存在财产关系，而且劳动者除为用人单位提供劳动外，还要接受用人单位的管理，成为用人单位的职工，以用人单位名义进行工作，其提供劳动的行为属于职务行为，由用人单位承担法律责任，劳动者除获得工资报酬外，还有保险、福利待遇等。劳务关系与劳动关系的区别，就决定了劳务关系中劳务提供者在提供劳务过程中相较劳动关系中的劳动者在劳动过程中具有较大的独立性和自主性，与此相对应的，劳务关系中的劳务提供者对于由于自身过错造成自己损失或人身伤亡的，就要承担相应的责任，该责任要大于劳动关系中劳动者同等情况下的责任。

其次，需要搞明白劳务关系与雇佣关系的联系与区别。劳务关系可发生在企业、组织与个人之间，也可发生在个人与个人之间。发生在企业、组织与个人之间一般就称为劳务关系；发生在个人与个人之间的劳务关系，可以称为劳务关系，也可以称为劳务雇佣关系、雇佣关系。在《中华人民共和国民法典》施行之前，最高人民法院相关司法解释中专门规定了雇佣关系中雇员遭受损害的赔偿责任，但在《中华人民共和国民法典》施行后，统一为“个人劳务关系中的侵权责任”予以规范。

在劳务关系中，提供劳务一方因劳务受到损害的，根据双方各自的过错承担相应的责任。也就是说，在劳务关系中提供劳务一方因劳务受到损害，如果完全是提供劳务一方造成的，相应的损害由其自担；如果完全是用工者的原因造成的，相应地则由用工者全部承担；是双方原因造成的，要根据各自过错程度，相应地各自承担各自的责任。提供劳务期间，因第三人的行为造成提供劳务一方损害的，提供劳务一方有权请求第三人承担侵权责任，也有权请求接受劳务一方给予补偿。接受劳务一方补偿后，可以向第三人追偿。

可见，在劳务关系中，提供劳务者因劳务受到损害的，适用过错责任原则认定双方责任负担。但在特殊情况下，如果其损害是由第三人造成的，为了充分保护劳务提供者的权益，规定了可以请求接受劳务一方补偿的规定，这是“利益承受理论”的一种延伸，体现公平正义，保护弱势群体，体现了构建和谐社会的内在要求。

编写人：新疆维吾尔自治区阿瓦提县人民法院　李度

16

因提供劳务受伤举证责任的认定

——陈某甲诉某保洁服务公司提供劳务者受害责任案

【案件基本信息】

1. 裁判书字号

福建省厦门市中级人民法院（2022）闽02民终1439号民事判决书

2. 案由：提供劳务者受害责任纠纷

3. 当事人

原告（被上诉人）：陈某甲

被告（上诉人）：某保洁服务公司

【基本案情】

陈某甲于2020年5月13日受雇于某保洁服务公司，工作地点为某工学院A1餐厅，从事餐具回收等保洁工作。2020年7月10日14时许，陈某甲在回收餐具时不慎摔倒，致左脚受伤和多处挫伤，后由某保洁服务公司送至医院住院治疗，经诊断为左侧跟骨骨折、多处挫伤，经住院治疗12天后好转出院。出院医嘱：1. 骨科门诊随访，如有不适，及时就诊；2. 骨折愈合前禁止患肢负重，约需4个月（需拍片证实骨折愈合后方可负重），过早负重可能导致骨折不愈合、骨折移位等严重后果，不排除需进一步手术治疗可能。其间需陪护一人，防止跌倒。2020年10月20日、2021年1月26日、2021年2月8日，陈某甲遵医嘱到医院复诊，2021年2月8日医嘱为休息四个月至半年。某保洁服务公司垫付了陈某甲住院治疗期间医疗费用共计8280.81元，陈某甲后续复诊共花费医疗费1526.2元。双方在庭审中确认陈某甲在某保洁服务公司上班期间每月工资2800元，某保洁服务公司于2020年8月29日向陈某甲支付了2800元，该款项包含陈某甲7月1—10日的工资933元和陈某甲因本次受伤的补助款1867元。

案件审理过程中，法院依陈某甲申请依法委托甲司法鉴定中心厦门分所对陈某甲伤残等级进行鉴定，经鉴定陈某甲伤残等级评定为十级伤残，陈某甲为此垫付鉴定费1000元；法院依某保洁服务公司申请依法委托乙司法鉴定所对陈某甲的误工期、护理期进行鉴定，经鉴定陈某甲左跟骨粉碎性骨折，伤后需误工期180日、护理期120日。

【案件焦点】

陈某甲是否在提供劳务过程中受伤。

【法院裁判要旨】

福建省厦门市集美区人民法院经审理认为：本案系提供劳务者受害责任纠纷。陈某甲受雇于某保洁服务公司在某工学院从事餐具回收等保洁工作，双方构成雇佣关系，该事实双方均无异议，法院予以确认。关于陈某甲是否在提供劳务过程中受伤。陈某甲陈述其于2020年7月10日14时左右回收餐具时不慎摔倒受伤，某保洁服务公司提出某工学院餐厅13：30已经关闭，陈某甲系下班时间非工作原因受伤。法院认为，陈某甲在某保洁服务公司指定的工作场所内受伤，其从事的餐具回收工作是在就餐结束后，陈某甲陈述下班之后仍旧在进行餐具回收具有合理性。证人刘某于在陈某甲受伤时并未在场，其是在听到陈某甲受伤后呼叫才过去查看，所看到的并非陈某甲受伤当时的情形，对其证言法院不予采信。结合某保洁服务公司将陈某甲送医诊治并支付全部住院医疗费用等因素，法院认定陈某甲是在提供劳务过程中受伤。

关于责任分担。根据《中华人民共和国侵权责任法》第三十五条规定："个人之间形成劳务关系，提供劳务一方因劳务造成他人损害的，由接受劳务一方承担侵权责任。提供劳务一方因劳务自己受到损害的，根据双方各自的过错承担相应的责任。"某保洁服务公司作为陈某甲的雇主，有义务加强对提供劳务者的安全教育和监督管理，应对陈某甲所受损害承担相应的侵权责任。陈某甲作为具有完全民事行为能力的成年人，应当具有一定的风险防范意识，且其从事保洁相关工作，并非从事专业的具有一定风险的工作，若其自身尽到相应注意义务完全可以避免损害的发生。某保洁服务公司提出陈某甲受伤时穿着拖鞋，但未提交充足的证据予以证明，法院不予采信。综合全案情形，法院酌情认定由陈某甲自行承担40%的责任，由某保洁服务公司承担60%的责任。

关于陈某甲因本次事故造成的合理损失。1. 陈某甲主张复诊医疗费1526.2元并提供相应诊疗票据及医嘱、住院伙食补助费1200元（100元/日×住院期间12天）、营养费1000元按医疗费金额10%酌定、交通费120元（10元/日×住院期间12天），以上诉求符合法律规定，法院予以支持。2. 误工费：陈某甲主张误工费17280元，按事发前陈某甲每月工资为2880元及误工期180日计算，陈某甲误工期经司法鉴定为180日，根据庭审中双方确认的月工资2800元，法院认定陈某甲误工费按陈某甲月工资2800元及误工期180日计算，共计16800元。陈某甲诉求在此范围内的法院予以支持，超过部分不予支持。3. 护理费：陈某甲护理期经司法鉴定为120天，主张住院期间按每天200元的标准计算12天、出院后108天按每天100元计算，护理费共计13200元，该项诉求于法有据，法院予以支持。4. 伤残赔偿金：陈某甲主张伤残赔偿金122662元（按照61331元×20年×0.1），陈某甲所受损伤经司法鉴定为十级伤残，其计算方法及金额符合法律规定，法院予以支持。5. 精神损失费：陈某甲主张精神损失费8000元，法院认为，结合陈某甲的伤残情况，及其自身对本案发生的损害亦存在过错，且本案事故系其未尽谨慎注意义务引发，并非故意侵权所致，故法院酌定该项损失金额为2000元。6. 鉴定费：陈某甲因申请伤残等级鉴定事项共花费鉴定费1000元，该费用为必要支出费用，法院予以确认。综上，除精神损失费2000元外，陈某甲各项损失为157508.2元，加上某保洁服务公司垫付的医疗费8280.81元，以上共计165789.01，由某保洁服务公司承担60%即99473.4元。扣除某保洁服务公司已支付的医疗费8280.81元和补助1867元，再加上精神损失费2000元，某保洁服务公司还应赔偿陈某甲91325.59元。

福建省厦门市集美区人民法院依照《中华人民共和国侵权责任法》第六条第一款、第三十五条，《最高人民法院关于适用〈中华人民共和国民法典〉时间效力的若干规定》第一条第二款，《最高人民法院关于审理人身损害赔偿案件适用法律若干问题的解释》（法释〔2003〕20号）第十七条第一款、第十九条第一款、第二十条、第二十一条、第二十二条、第二十三条、第二十四条、第二十五条第一款，《最高人民法院关于确定民事侵权精神损害赔偿责任若干问题的解释》（法释〔2001〕7号）第八条第二款、第十条，《中华人民共和国民事诉讼法》第六十四条第一款，《最高人民法院关于适用〈中华人民共和国民事诉讼法〉的解释》第九十条规定，作出如下判决：

一、某保洁服务公司应于本判决生效之日起十日内赔偿陈某甲各项损失共计91325.59元；

二、驳回陈某甲的其他诉讼请求。

某保洁服务公司不服一审判决，提起上诉。

厦门市中级人民法院经审理认为：关于陈某甲是否在为某保洁服务公司提供劳务的过程中受伤的问题。根据查明的事实，陈某甲受某保洁服务公司的委派为某工学院餐饮服务公司提供清洗餐具等保洁服务。2020年7月10日14时许，陈某甲在工作场所内不慎摔倒受伤。陈某甲主张其在清洗餐具的过程中不慎踩进水沟摔倒受伤。某保洁服务公司辩称，陈某甲的受伤时间并非工作时间，故其并非因提供劳务而受伤。某保洁服务公司尽管主张其服务的餐厅的下班时间是13时30分，但考虑到陈某甲的工作内容是清洗餐具等保洁服务，其下班时间一般不可能与餐厅同步，因此，某保洁服务公司以餐厅的下班时间是13时30分推断陈某甲受伤时间并非工作时间，理由不能成立。证人刘某于并非陈某甲受伤过程的目击者，故其证言与本案缺乏充分的关联性。因此，陈某甲主张因提供劳务而受伤，较为可信，一审法院予以采纳，并无不当。关于误工费。陈某甲受伤前在某保洁服务公司上班，因案涉伤情产生误工损失，一审根据其误工期参考陈某甲受伤前的工资收入水平认定其误工费，亦无不当。综上所述，某保洁服务公司的上诉请求不能成立，应予驳回；一审判决认定事实清楚，适用法律正确，应予维持。

福建省厦门市中级人民法院依照《中华人民共和国民事诉讼法》第一百七十七条第一款第一项规定，作出如下判决：

驳回上诉，维持原判。

【法官后语】

提供劳务者受害责任是指在个人之间存在劳务关系的前提下，提供劳务的一方因劳务活动自身受到伤害的，在提供劳务一方向接受劳务一方主张损害赔偿时，由双方根据各自的过错程度承担相应的民事责任。因此，因劳务活动受伤系该类纠纷中接受劳务一方承担侵权责任的前提。然而，在劳务关系中，提供劳务者与雇佣人员之间往往没有签订书面的用工协议，对于劳动时间、劳动内容、劳动报酬、劳动规范等具体事项没有明确约定，加上部分提供劳务者法律意识较为淡薄，缺乏固定证据的意识，以致受伤的基本事实，如时间、地点、原因、经过、现场安全施工条件等均难以查明，若此时雇佣人员否认提供劳务方系因劳务活动受伤，则应如何确定侵权责任？如在本案中，某保洁服务公司的主要抗辩意见即为陈某甲并非在从事雇佣活动中遭受人身损害。而现场也没有监控视频等证据可以客观体现事故发生经过，陈某甲更无法直接证明自己系在提供劳务过程中受伤。在无法查清案件客观事实的情况下，由谁来承担相应的不利后果，证明责任的分配显得至关重要。

一、证明责任分配

证明责任的分配，是指法律预先规定由哪一方当事人负责收集、提供证据，当诉讼即将终结时若案件事实真伪不明，由谁承担不利的诉讼后果。《中华人民共和国民事诉讼法》第六十七条第一款规定："当事人对自己提出的主张，有责任提供证据。"因此，一般情况下，"谁主张，谁举证"系通用的证明责任分配规则。此为行为意义上的证明责任，而非结果意义上的证明责任。对此，《最高人民法院关于适用〈中华人民共和国民事诉讼法〉的解释》第九十条作了进一步的规定："当事人对自己提出的诉讼请求所依据的事实或者反驳对方诉讼请求所依据的事实，应当提供证据加以证明，但法律另有规定的除外。在作出判决前，当事人未能提供证据或者证据不足以证明其事实主张的，由负有举证证明责任的当事人承担不利的后果。”因此，负有举证责任的一方若无法举证证明自身主张的，应当承担不利的后果。一般而言，主张法律事实存在的一方应承担相应的举证证明责任。本案中，陈某甲主张其系在提供劳务过程中受伤，若根据举证责任的原则性规定，应由其承担举证责任，证明其系因劳务活动而受伤。但在本案中，其作为劳动者，本身在举证能力上即处于弱势地位，明显没有充足的证据证明上述事实。是否可以此为由，认定其未尽到证明责任，从而对其主张的事实不予采信？若如此分配举证责任，则应认定其并非因劳务活动而受伤，某保洁服务公司即不应承担相应的侵权责任，陈某甲的损失将无法得到赔偿，这不符合朴素的正义观。且可能导致的后果是，用工者只要不在用工场所安装监控等设备，提供劳务者基本难以直接证明其系在提供劳务过程中受伤，明显有损于劳动者权益的保障，也为用工者逃避责任提供了路径。

二、举证责任倒置

举证责任倒置是指按照举证责任分配的一般规则本来应当配置给一方当事人的客观举证责任，可以通过法律上的明确规定等转移给另一方当事人承担。例如，《中华人民共和国民法典》第一千二百三十条规定的环境污染纠纷中行为人就不承担或减轻责任的情形以及不存在因果关系承担举证责任；第一千二百五十三条规定的建筑物和物件损害责任中由所有人、管理人等就自己不存在过错承担举证责任……在提供劳务者受害责任纠纷中，对举证责任的分配未有明确的特殊法律规定，笔者认为可以参照上述规定予以认定。首先，从侵权责任的归责原则上看，提供劳务者受害责任与建筑物和物件损害责任等均为无过错责任，原则上即应由接受劳务一方承担侵权责任，在无明确证据证明提供劳务者非因劳务活动造成自身损害的情况下，即应由接受劳务者承担侵权责任。其次，从举证能力上看，相较于用工者，劳动者明显处于劣势地位，在举证上不应苛求其达到足以充分证明案件事实的证明标准。该理念在劳动争议案件中也有所体现。《最高人民法院关于审理劳动争议案件适用法律问题的解释（一）》第四十四条“因用人单位作出的开除、除名、辞退、解除劳动合同、减少劳动报酬、计算劳动者工作年限等决定而发生的劳动争议，用人单位负举证责任”规定了相关举证责任的倒置。具体到本案，陈某甲作为餐厅保洁人员，系在工作场所受伤，某保洁服务公司主张其系在下班时间受伤，但仅根据受伤时间与餐厅用餐时间不符难以证明上述主张，且回收餐具时间晚于用餐时间更是符合常理。因此，陈某甲在工作场所受伤，其受伤情况也符合该工种可能存在的安全风险，某保洁服务公司应对陈某甲非因提供劳务受伤承担进一步的举证责任，在某保洁服务公司无法举证的情况下，应由某保洁服务公司承担举证不能的法律后果，故本案应当认定陈某甲系因劳务活动受伤，某保洁服务公司应承担相应的赔偿责任。

综上所述，在提供劳务者受害责任纠纷中，若提供劳务者可以初步证明其系因劳务活动而受伤，如在工作地点、工作时间受伤、所受伤害确系该工种可能造成的损害等，接受劳务者对此存有异议的，其应当承担相应的举证责任，若无法证明提供劳务者系因劳务以外的其他原因受损害的，应承担举证不能的法律后果。

编写人：福建省厦门市集美区人民法院　罗玉洁

17

明确拒绝用工情况下，雇主不对提供劳务者的损害后果承担赔偿责任

——王某1诉郭某2、李某3提供劳务者受害责任案

【案件基本信息】

1. 裁判书字号

北京市房山区人民法院（2022）京0111民初2438号民事判决书

2. 案由：提供劳务者受害责任纠纷

3. 当事人

原告：王某1

被告：郭某2、李某3

【基本案情】

2021年6月26日，王某1在李某3所有的位于房山区某镇某村的房屋建设施工时，在破旧棚子上拆东西时，棚子倒塌，导致王某1从棚子顶部掉落地面摔伤。王某1随即至社区卫生服务中心进行治疗，为背部、右肘、右小腿皮肤软组织损伤；经治疗病情未得到缓解，2021年6月29日王某1至市第二中心医院就诊，做磁共振检查，后于2021年7月1日至市中医医院住院治疗，被诊断为胸12椎体压缩骨折。共住院3天，并未做手术，共计花费医疗费3863.2元，王某1的妻子对其进行护理。

在案件审理过程中，王某1申请对其伤残等级、误工期、护理期、营养期进行鉴定。2022年6月28日，某物证鉴定中心出具《司法鉴定意见书》，鉴定意见如下：被鉴定人王某1胸11、胸12椎体压缩性骨折构成九级伤残；其伤后误工期为150日，营养期为60日，护理期为60日。王某1支付鉴定费3150元。

另查明，王某1并没有固定的工作。王某1认可李某3、郭某2各为其垫付了1000元的医疗费，其同意从本案的医疗费总额中予以扣除。

【案件焦点】

明确拒绝用工情况下，是否需对该工人的损害后果承担赔偿责任。

【法院裁判要旨】

北京市房山区人民法院经审理认为：公民的身体健康权受法律保护。个人之间形成劳务关系……提供劳务一方因劳务受到损害的，根据双方各自的过错承担相应的责任。根据查明的事实，王某1在棚子顶部拆旧棚子，掉下来摔落到地面上，经当事人描述，王某1摔下来时，磕在屋子中间一个水泥池子边上，致使诊断为胸11、胸12椎体压缩骨折。王某1作为成年人进行拆棚子，应当注意自身安全。自身应当对损失承担40%的责任；郭某2声称其并未给王某1打过电话，是王某1主动前来，其考虑到王某1路程比较远，出于好心，且王某1主动要求拆棚子，但王某1确实是经郭某2同意在李某3家施工，郭某2也确认其并未直接告诉王某1说不让他去干活，对王某1的损失应当承担60%的赔偿责任；李某3已明确告知郭某2，不同意王某1来她家施工，郭某2对此予以认可。对王某1的损失，李某3不承担赔偿责任。王某1说他给郭某2打过电话，郭某2说有活儿，但其并未提交证据予以证明，法院不予采信。

经庭审质证和审查核实，法院对王某1的各项损失根据相关证据、相应标准以及本案的具体情况予以确认，对其合理的诉讼请求予以支持，不合理或者过高的诉讼请求不予支持。护理费，住院期间及剩余时间共计60天的护理费，因王某1未提交相关证据，法院按照社会一般标准予以酌定。误工费，因王某1并未有固定工作，也未提交相关证据，法院按照误工期150天，酌定为20000元。经法院审查，王某1的损失情况为：医疗费3863.2元、误工费20000元、营养费3000元、护理费6000元、交通费1000元、精神损害抚慰金8000元、残疾赔偿金300008元。王某1以上各项损失合计341871.2元。扣除郭某2已经垫付的1000元，郭某2根据其责任比例还需赔偿王某1各项损失共计204122.72元。

北京市房山区人民法院依照《中华人民共和国民法典》第一千一百九十二条、《中华人民共和国民事诉讼法》第六十七条之规定，判决如下：

一、郭某2于本判决生效后十日内赔偿王某1医疗费、误工费、营养费、护理费、交通费、精神损害抚慰金、残疾赔偿金各项共计204122.72元；

二、驳回王某1的其他诉讼请求。

一审判决后，双方均未提出上诉，该判决已发生法律效力。

【法官后语】

主观过错、侵权行为、损害后果和因果关系是侵权责任的四个构成要件。

其中过错责任原则，是以过错作为价值判断标准，判断行为人对造成的损害后果的主观心理，进而判断行为人应否承担侵权责任的归责原则。

过错是指行为人在实施侵害他人民事权益行为时的主观不良心态，包括故意和过失。故意，是指积极追求损害结果发生，谓之直接故意；或者明知损害结果发生概率很大而放任自己的行为引发损害结果的一种不良心态，谓之间接故意。过失，是指应该预见自己的行为可能导致损害发生而没有预见，或者虽然预见到了损害可能发生，但过分轻信某些主客观条件，误认为损害结果不会发生或者可以避免。过失按照其程度，可以分为轻微过失、一般过失和重大过失。

过错责任原则，也称“过错原则”或“过失责任原则”，是指除非法律另有规定，否则任何人只有因过错（故意或过失）侵害他人民事权益造成损害时，才应当承担侵权赔偿责任。一般而言，从积极的方面来说，任何人只有在因过错造成他人损害时，才可能承担侵权责任。从消极的方面说，一个人即便客观上确实造成了他人的损害，但因为其没有过错，所以也无须为此承担赔偿责任，除非法律另有规定。过错责任原则适用于一般侵权行为。适用过错责任原则确定赔偿责任时，其构成要件是：侵害行为的实施者即行为人有过错；行为人实施了侵害行为，可以是积极的侵害行为，也可以是消极的不作为行为；受害人的民事权利或者合法权益受到侵害，即遭受人身、精神、财产方面的损害；侵害行为与损害后果之间存在因果关系。

侵权责任的四要件中首要探讨的就是过错责任原则。除非法律另有规定，按照一般的归责原则，行为人在损害发生时的主观心理决定了行为人对损害后果是否应当承担责任。在提供劳务者纠纷中，劳务提供方易因施工工具、施工环境甚至操作不当等造成自身损害，此时，劳务提供方的损害后果应由谁承担，往往成为案件审理的难点。《中华人民共和国民法典》第一千一百九十二条规定，个人之间形成劳务关系……提供劳务一方因劳务受到损害的，根据双方各自的过错承担相应的责任。即提供劳务者的损害后果应由谁承担，需具体考量提供劳务者和接受劳务者的过错，进而根据过错责任大小，分担损失。在接受劳务方无过错的情况下，不应当承担赔偿责任。

本案中，王某1为提供劳务一方，其工作能力未得到李某3的认可，在先前为李某3提供劳务过程中已被李某3辞退，李某3的明确拒绝用工说辞得到郭某2的证实。事发时，王某1在未经通知的情况下，径行来到施工场地主动提出提供劳务并认领工作内容，其行为举止并未被郭某2拒绝，在郭某2的同意下，王某1在拆除棚子时，因施工不当造成损害后果，王某1诉至法院要求郭某2、李某3赔偿。本案中，王某山操作不当致自身损害应自担相应的责任，郭某2在同意王某1提供劳务后，未教学正确的施工方法、未确保施工场地安全造成王某1损害后果，应承担相应的责任。本案的争议焦点为李某3应否对王某1的损害后果承担赔偿责任。本案中，李某3已明确拒绝用工，其对王某1的损害后果既无故意，也无过失，不存在过错，因此其在无主观过错下，不应对王某1的损害后果承担赔偿责任。

编写人：北京市房山区人民法院　刘丽霞

18

雇员防止损害发生的成本极低，却怠于履行自身注意义务应对其受伤担责

——王某诉秦某提供劳务者受害责任案

【案件基本信息】

1. 裁判书字号

北京市第三中级人民法院（2022）京03民终1106号民事判决书

2. 案由：提供劳务者受害责任纠纷

3. 当事人

原告（上诉人）：王某

被告（被上诉人）：秦某

【基本案情】

秦某承包某别墅室内装修工程，雇佣王某做瓦工，负责卫生间内贴砖。2020年10月6日，王某在干活过程中摔伤，被诊断胸12椎体骨折等。经鉴定构成两个十级伤残，综合赔偿指数为15%，并确定误工期180日，护理期90日，营养期90日。

王某认为与秦某是劳务关系，秦某是其雇主，秦某提供的施工现场有安全隐患，周边是悬空的，没有遮挡，缺失木板处秦某未及时填平也未对其进行警示，摔伤发生秦某应承担主责。秦某认为，事发地点铺设了木板，不认可后期缺失，如果后期缺失王某也未告知缺失，另外，悬空的木板铺设区域不是王某作业区域，也并非施工必经地点，王某受伤原因和经过存疑。秦某认为王某系具备生活阅历和经验丰富的完全民事行为能力人，对其安全应当尽到注意义务，王某对其受伤担主责。

经法院现场勘验，案涉房屋为地下二层，地上二层的联排别墅。地下一层的结构是中间有挑空。王某在二层卫生间贴砖，出门是宽1.2米、长7米的走廊，走廊外为挑空。挑空部分搭设了脚手架，脚手架上铺设了木板，与走廊平齐。王某现场指认时称其中有一块铺设的木板缺失，其平时干活时绕着走，干活那天缺板这挡着一块泡沫，其从卫生间到走廊上取砖忘了这缺一块板，就踩空摔伤了。王某认可没跟秦某提起缺板一事，以为秦某知道。

【案件焦点】

双方当事人的过错程度及责任承担问题。

【法院裁判要旨】

北京市顺义区人民法院经审理认为：提供劳务一方因劳务自己受到损害的，

根据双方各自的过错承担相应的责任。现双方均认可形成劳务关系，王某为提供劳务一方，秦某为接受劳务一方。结合事发现场的情况，王某从卫生间到走廊取砖并非仅有该挑空处可行，该处亦非其必经之路，事发当天亦非其干活的第一天，其自述在平时都是绕着走，无证据证明缺板后其要求秦某处理而秦某拒绝处理，亦无证据证明其明知缺板后自行采取过补救措施避免可能受到的危险，而这种补救措施的成本很低，不费太大成本就能做到，故对王某摔伤一事，王某自身应负责任。而秦某作为接受劳务一方，应对工作现场做好管理与维护，及时消除安全隐患，并提醒其雇员注意安全，故对该事件亦应承担责任。根据本案实际情况，结合当事人各自的过错，确定原被告双方各承担50%责任。

北京市顺义区人民法院依照《中华人民共和国侵权责任法》第三十五条、《最高人民法院关于审理人身损害赔偿案件适用法律若干问题的解释》（法释〔2003〕20号）第十九条、第二十条、第二十一条、第二十二条、第二十三条、第二十四条、第二十五条，《最高人民法院关于适用〈中华人民共和国民法典〉时间效力的若干规定》第一条第二款的规定，判决如下：

一、秦某于本判决生效之日起七日内赔偿王某医疗费、误工费、护理费、营养费、残疾赔偿金（含被扶养人生活费）、精神损害抚慰金、交通费、住院伙食补助费、鉴定费共计117289.65元；

二、驳回王某的其他诉讼请求。

王某不服一审判决，提起上诉。

北京市第三中级人民法院同意一审法院裁判意见，判决：驳回上诉，维持原判。

【法官后语】

在装饰装修等行业中，存在大量个人提供劳务的行为，个人之间的劳务关系多存在安全保障措施少、雇员自身安全意识较差、雇主也疏于管理等问题，事故频发。多数情况下雇主并非时刻在场监管，有些隐患是施工时突发，雇员亦有义务防范和采取临时补救措施防止损失的进一步扩大和发生，如雇员明确清楚安全隐患且有能力自行采取补救措施，雇员怠于防范造成自身损害的，应当对自身的损害承担一定责任，不能无限度扩大雇主管理注意的责任，实践中如何确认雇员与雇主之间的责任，可从以下几个方面分析。

一般来说，为防止利益失衡，雇员的过失不能与雇主过失全部相抵，除非有确凿证据证明雇员有故意自伤等行为，否则雇主不得免责，根据过失相抵的相关法律规定，如果雇员一方只是存在一般过失，则不减轻接受劳务一方的赔偿责任，如果雇员因故意或重大过失致自己受到伤害，则可以免除或者减轻接受劳务一方即雇主的赔偿责任。所谓重大过失，系指违反普通人的注意义务，即行为人仅用社会上一般人的注意即可预见或避免而怠于注意或未能避免，为重大过失；违反法定注意义务的属重大过失。所谓一般过失系指违反善良管理人（理性人）在一般情况下的注意义务。鉴于施工现场状况突发性，有些隐患是边施工边出现，如雇员发现了安全隐患，有能力自行采取补救措施就可避免受到的危险，雇员应当防范和采取补救措施，如采取补救措施的成本很低，不费太大成本就能做到，而雇员怠于防范造成自身损害，属于雇员自身的重大过失，应当减轻雇主的赔偿责任。

具体到本案，结合事发现场的情况，王某在提供劳务的整个过程从卫生间到走廊取砖，事发的挑空处并非王某必经之路，也并非仅有该处可通行，王某自述已发现挑空处缺一块板半个多月，其并没有告知雇主，自己也未采取补救措施，而这种补救措施的成本很低，放置一块板子即可，不费太大成本就能轻易做到，但王某没有尽到自身注意义务，在明知此处具有安全隐患的前提下仍从该处通行并造成自身的损害，因此，应当认定王某自身具有重大过错，应负责任。而秦某作为接受劳务一方，虽然不常在现场但对工作现场具有管理与维护的义务，无论是否知晓安全隐患都应定期检查，及时消除安全隐患，并提醒其雇员注意安全，确保劳务工作安全结束，故秦某对此事件亦应承担责任。

在今后的审判实践中，对于提供劳务时发生损害的，不能无限度扩大雇主管理注意责任，也应当要求雇员在提供劳务时自身具备一定的风险判断和规避能力，以平衡双方利益，促进劳务市场的良性发展。

编写人：北京市顺义区人民法院　涂琳　张志鹏

19

雇主因雇员致人损害，先行承担赔偿责任后的追偿权等若干问题

——城市物业管理处诉陈某 1 追偿权案

【案件基本信息】

1. 裁判书字号

福建省泉州市中级人民法院（2022）闽 05 民终 4543 号民事判决书

2. 案由：追偿权纠纷

3. 当事人

原告（被上诉人）：城市物业管理处

被告（上诉人）：陈某 1

【基本案情】

陈某 1 是城市物业管理处聘用的环卫保洁员，于 2019 年 4 月 2 日驾驶城市物业管理处提供的无牌电动三轮车与案外人李某发生碰撞。该事故造成李某受伤及车辆损坏，经《道路交通事故认定书》认定陈某 1 负事故的全部责任。后李某起诉要求城市物业管理处与陈某 1 共同承担侵权责任，经二审判决城市物业管理处支付李某 12 万余元。后省高院驳回城市物业管理处的再审申请。城市物业管理处履行赔偿义务后，向法院起诉要求陈某 1 给付城市物业管理处赔偿李某的各项损失及利息、诉讼费、鉴定费。

【案件焦点】

1. 用人单位是否具有追偿权；2. 工作人员故意或重大过失的认定；3. 用人单位与其工作人员的责任比例承担。

【法院裁判要旨】

福建省泉州市鲤城区人民法院经审理认为：以《道路交通事故认定书》的责任划分比例，依法认定陈某1负事故的全部责任，且因陈某1在本次交通事故中具有重大过失，依据《中华人民共和国民法典》第一千一百九十一条的规定，应承担赔偿责任。而城市物业管理处既是案涉车辆的所有者，且未对陈某1进行岗前培训，酌情确认城市物业管理处承担80%的责任，陈某1承担20%的责任。

福建省泉州市鲤城区人民法院依照《最高人民法院关于适用〈中华人民共和国民法典〉时间效力的若干规定》第三条、《中华人民共和国民法典》第一千一百九十一条、《中华人民共和国民事诉讼法》第六十七条第一款规定，判决如下：

一、陈某1应在判决生效之日起十日内向城市物业管理处支付赔偿款25876元；

二、驳回城市物业管理处的其他诉讼请求。

陈某1不服一审判决，提起上诉。

福建省泉州市中级人民法院经审理认为：根据本案应适用《中华人民共和国侵权责任法》第三十四条第一款规定"用人单位的工作人员因执行工作任务造成他人损害的，由用人单位承担侵权责任"。案外人李某的起诉已经过一审、二审，最终判决城市物业管理处支付其12万余元，而城市物业管理处现又因同一事实提出新的主张，违背"一事不再理"原则。一审查明事实正确，城市物业管理处基于陈某1在执行工作任务当中存在重大过失而提起本案的追偿，有事实和法律依据。

福建省泉州市中级人民法院依照《中华人民共和国民事诉讼法》第一百七十七条第一款第一项规定，判决如下：

驳回上诉，维持原判。

【法官后语】

目前，在各行各业欣欣向荣，既是机遇也是挑战的年代，用人单位无论是基于风险防范意识的加强，抑或利益最大化的考量，对其名下工作人员的管理，譬如规章制度、设施配备、工作方式及监督机制等各方面，也相对日益完善。但由于个人能力、工作环境、用工多样性等各因素的限制，在工作人员执行工作任务时，仍不可避免侵权事件的发生。而从《最高人民法院关于审理人身损害赔偿案件适用法律若干问题的解释》（法释〔2003〕20号）到《中华人民共和国侵权责任法》，再到如今的《中华人民共和国民法典》，无一不规定了用人单位的工作人员因执行工作任务造成他人损害的，由用人单位承担侵权责任。但关于用人单位对工作人员的追偿权，立法演变有着不同的变化。

一、关于用人单位是否具有追偿权

早在《最高人民法院关于审理人身损害赔偿案件适用法律若干问题的解释》（法释〔2003〕20号）第九条规定，雇员因故意或者重大过失致人损害的，应当与雇主承担连带赔偿责任。雇主承担连带赔偿责任的，可以向雇员追偿。其目的在于敦促工作人员在履职过程中尽到足够审慎的注意义务，认真对待工作任务，实现用人单位参与社会经济活动的目的。

而在《中华人民共和国侵权责任法》立法过程中则存在不同意见，其考量可能旨在平衡用人单位与劳动者实质不平等的关系，倾向保护弱势群体，最终《中华人民共和国侵权责任法》没有将追偿权纳入规定。

之后《中华人民共和国民法典》编纂过程中，在继承原《中华人民共和国侵权责任法》规定的基础上，增加了用人单位追偿权的规定，并以故意或者重大过失作为责任承担与否的分界线。

本案在裁判过程中，适用《中华人民共和国民法典》的规定，认为用人单位是追偿权。因为根据诚信原则，劳动者对用人单位负有忠实和勤勉的义务，当劳动者未尽到基本的注意义务造成用人单位损害的，应当承担适当的责任。这既能够合理地强化工作人员的注意义务，也会促进工作人员在工作时的认真负责态度，从而有利于减少工作人员在工作中造成损失发生的情形，还有利于在用人单位与工作人员之间公平分配责任。

二、工作人员故意或重大过失的认定

本案中，法院以《道路交通事故认定书》认定陈某1负事故的全部责任，陈某1作为一般人，应具有一定的道路交通安全防范意识，能够预见自己未正确驾驶无牌电动三轮车可能发生的安全隐患并可以避免，从而推定陈某1具有重大过失，符合法律上对于重大过失的一般认知。

而延伸到其他侵权案件，关于故意或者重大过失认定在司法实践中则有一定的难度。一般根据“谁主张，谁举证”的原则，故意或者重大过失的举证责任应由用人单位承担。而在过往追偿权的判例中，用人单位能够举证工作人员故意造成侵权的并不多见，主要在于证明其具有重大过失。尽管在法律解释上一般过失和重大过失有着明显足以区分的定义，但在各行各业评定过错责任的表述中，可能难以做到责任比例细化或者统一标准，因此，法官在判断是否为重大过失时还应具备一定的专业知识。

三、用人单位与其工作人员的责任比例承担

前述用人单位具有追偿权，但追偿比例并不当然为100%，而应根据工作人员过错程度、工作人员对用人单位的人身依附性程度、用人单位的监督及培训机制等多因素综合考虑，不应由劳动者承担所有的损害后果。

针对一些侵权事件频发的高风险工作，如高空作业、食品医疗安全卫生等领域，对用人单位的监督及培训机制应有更严格的要求。如因为用人单位的监督培训不到位，其承担的比例原则上也应更多。

此外，还应结合工作人员在执行该项工作的收入比例以及用人单位在该工作预期取得的收益份额给予适当的倾向性。本案中，城市物业管理处基于支付案外人12万余元的事实向陈某1主张全部追偿，二审最终判决维持原则，陈某1承担20%责任。一审裁判在释法说理中提到陈某1的工资收入为每月2400元，正是人文关怀的体现。

综上，法官在司法实践中，应具体案件具体分析，从实际出发，既维护企业合理范围内的损失，又避免企业将经营风险全部转嫁给其有过错的工作人员，进而推动社会主义法治化道路进程的发展。

编写人：福建省泉州市鲤城区人民法院　郭佩坤

20

施工人致害案件中房屋业主安全保障义务的范围与边界

——丁某1等诉某装饰材料公司等提供劳务者受害责任案

【案件基本信息】

1. 裁判书字号

北京市第二中级人民法院（2022）京02民终1242号民事判决书

2. 案由：提供劳务者受害责任纠纷

3. 当事人

原告（上诉人）：丁某1、许某2、许某3

被告（上诉人）：某装饰材料公司、尚某4

被告（被上诉人）：王某5

被告：尚某6

【基本案情】

王某5系案涉别墅的业主，其购买木地板后，某装饰材料公司负责地板安装。某装饰材料公司员工尚某6通知询问宋某7安装地板事宜，宋某7找到陈某8与其同行施工。事发当日，尚某6开车拉木板，并带宋某7、陈某8到案涉别墅处，进行铺装地板。陈某8在铺设地板工作过程中坠楼身亡。经查，案涉别墅是毛坯房装修，别墅共三层，第三层系阁楼。别墅在一层和二层之间有楼梯，二层和阁楼之间没有楼梯，只放了一个梯子。到现场后尚某6及陈某8、宋某7都口头向王某5和他的施工队提出过异议。王某5认可事发别墅陈某8跌落层为阁楼，是其自行搭建的，跌落处为一个预留屋面缺口，该缺口四周未安装防护栏杆。

丁某1、许某2、许某3为死者陈某8近亲属，事发后诉至法院要求某装饰材料公司承担雇员受害赔偿责任，赔偿陈某8死亡赔偿金、丧葬费、精神损害抚慰金等各项损失共计1959700.5元；尚某4对某装饰材料公司的赔偿责任承担连带责任；尚某6对某装饰材料公司的赔偿责任承担补充责任；王某5对某装饰材料公司的赔偿责任承担连带责任。

【案件焦点】

导致陈某8死亡事故的责任主体及责任范围的认定问题。

【法院裁判要旨】

北京市丰台区人民法院经审理认为：关于陈某8死亡的责任问题。根据公安部门认定以及当事人陈述意见，陈某8在铺设地板工作过程中，发生坠楼并死亡，陈某8因劳务受到损害，某装饰材料公司应承担赔偿责任。同时，某装饰材料公司、尚某4、尚某6称陈某8、房东王某5存在过错，主张其二人亦应承担责任。对此，陈某8作为地板铺装工人，应具备施工安全意识，尤其是在尚无安全护栏的高层建筑中，更应增强安全防护意识，其明知应采取防护措施，未采取防护措施，或者未向某装饰材料公司提出相应保障要求，而且，陈某8在中午饮酒，不符合施工安全要求，虽然事发距饮酒有一段时间，但综合本案案情及现有证据，应认定陈某8存在过错，亦应承担一定责任。王某5作为案涉房屋业主，现有证据并不能认定其与某装饰材料公司为发包人、承包人关系，虽然，根据当事人陈述，其中午向陈某8、宋某7提供两瓶啤酒，但考虑到本案案情及现有证据，不能基于该行为直接认定其对陈某8死亡存在过错。此外，尚某6对施工存在一定的监督管理责任，但是其为公司员工，其行为应认定为某装饰材料公司职务行为。某装饰材料公司为一人有限责任公司，尚某4系公司唯一股东，现其提交证据不足以证明财产独立于某装饰材料公司财产，故尚某4应当对公司责任承担连带责任。

北京市丰台区人民法院依据《中华人民共和国民法典》第一千一百九十二条、第一千一百九十三条，《最高人民法院关于审理人身损害赔偿案件适用法律若干问题的解释》第十一条、第十七条、第十八条、第二十二条、第二十七条、第二十八条，《最高人民法院关于民事诉讼证据的若干规定》第二条之规定，判决如下：

一、某装饰材料公司于判决生效之日起七日内支付丁某1、许某2、许某3死亡赔偿金1058428元；

二、某装饰材料公司于判决生效之日起七日内支付丁某1、许某2、许某3丧葬费41622元；

三、某装饰材料公司于判决生效之日起七日内支付丁某1、许某2、许某3尸体保管费7000元；

四、某装饰材料公司于判决生效之日起七日内支付丁某1、许某2、许某3精神损害抚慰金35000元；

五、某装饰材料公司于判决生效之日起七日内支付丁某1、许某2、许某3交通费1400元；

六、某装饰材料公司于判决生效之日起七日内支付丁某1、许某2、许某3住宿费700元；

七、尚某4对前述款项在某装饰材料公司应承担义务内承担连带责任；

八、驳回丁某1、许某2、许某3的其他诉讼请求。如果未按判决指定的期间履行给付金钱义务，应当依照《中华人民共和国民事诉讼法》第二百五十三条之规定，加倍支付迟延履行期间的债务利息。

丁某1、许某2、许某3、某装饰材料公司、尚某4不服一审判决，提起上诉。

北京市第二中级人民法院经审理后认为：经查，某装饰材料公司及尚某4称客户购买地板时没有告知我们别墅没有护栏和楼梯的情况。王某5事发别墅在一楼和二楼之间有楼梯，二层和阁楼之间没有楼梯，放了一个梯子。到现场后尚某6及陈某8、宋某7都口头向王某5和他的施工队提出过异议。王某5现场的装修工人事发后说这个地方原来是有防护措施的，为了贴壁纸拆除之后没重新装上。王某5称房屋在事发时没有安护栏，不存在某装饰材料公司及尚某4所述的因装壁纸拆除护栏的情况。别墅是毛坯房装修，交房的时候就没有护栏，房屋是两层，三层是阁楼半层。铺地板前也不能安装护栏。另，王某5认可事发别墅陈某8跌落层为阁楼，是王某5自行搭建的，跌落处为一个预留屋面缺口，该缺口四周未安装防护栏杆。

雇员在从事雇佣活动中遭受人身损害，雇主应当承担赔偿责任。雇佣关系以外的第三人造成雇员人身损害的，赔偿权利人可以请求第三人承担赔偿责任，也可以请求雇主承担赔偿责任。雇主承担赔偿责任后，可以向第三人追偿。

本案争议焦点为导致陈某8死亡事故的责任主体及责任范围的认定问题。就双方争议的别墅业主王某5是否承担责任一节，依据我国《民用建筑设计统一标准》（GB50352—2019）第6.7.3条规定，阳台、外廊、室内回廊、内天井、上人屋面及室外楼梯等临空处应设置防护栏杆。根据查明事实，陈某8坠落地点位于涉案别墅阁楼屋面的缺口处，该缺口位置无护栏或遮挡物，存在明显施工安全隐患，该安全隐患与陈某8进行地板安装时从屋面摔落及死亡存在一定因果关系。王某5作为该房业主，自认事发阁楼系其搭建，且屋面缺口未有遮挡防护，故业主王某5对本次事故及损害的发生存有一定过错，应在其过错程度范围内承担相应侵权赔偿责任。一审判决认定业主王某5对涉案事故的发生不承担责任有误，二审法院对此予以纠正。

北京市第二中级人民法院依据《最高人民法院关于适用〈中华人民共和国民法典〉时间效力的若干规定》第一条，《最高人民法院关于审理人身损害赔偿案件适用法律若干问题的解释》（法释〔2003〕20号）第二条、第十一条第一款，《中华人民共和国民事诉讼法》第一百七十七条第一款第二项之规定，判决如下：

一、撤销一审民事判决第八项；

二、变更一审民事判决第一项：某装饰材料公司支付丁某1、许某2、许某3死亡赔偿金756020元；王某5支付丁某1、许某2、许某3死亡赔偿金302408元。均于本判决生效之日起七日内履行；

三、变更一审民事判决第二项：某装饰材料公司支付丁某1、许某2、许某3丧葬费29730元；王某5支付丁某1、许某2、许某3丧葬费11892元。均于本判决生效之日起七日内履行；

四、变更一审民事判决第三项：某装饰材料公司支付丁某 1、许某 2、许某 3 尸体保管费 5000 元；王某 5 支付丁某 1、许某 2、许某 3 尸体保管费 2000 元。均于本判决生效之日起七日内履行；

五、变更一审民事判决第四项：某装饰材料公司支付丁某 1、许某 2、许某 3 精神损害抚慰金 25000 元；王某 5 支付丁某 1、许某 2、许某 3 精神损害抚慰金 10000 元。均于本判决生效之日起七日内履行；

六、变更一审民事判决第五项：某装饰材料公司支付丁某 1、许某 2、许某 3 交通费 1000 元；王某 5 支付丁某 1、许某 2、许某 3 交通费 400 元。均于本判决生效之日起七日内履行；

七、变更一审民事判决第六项：某装饰材料公司支付丁某 1、许某 2、许某 3 住宿费 500 元；王某 5 支付丁某 1、许某 2、许某 3 住宿费 200 元。均于本判决生效之日起七日内履行；

八、尚某 4 对前述款项在某装饰材料公司应承担义务内承担连带责任；

九、驳回丁某 1、许某 2、许某 3 的其他诉讼请求；

十、驳回某装饰材料公司及尚某 4 的其他上诉请求。

【法官后语】

本案是一起因别墅施工人员坠楼身亡引发的侵权案件，涉及施工企业、施工人员、房屋业主等多方主体的责任认定。如何在多种法律关系和复杂的案件事实中厘清责任主体及责任范围，事关受害人权益的全面保障、主体行为准则的规范指引以及公平正义之法治精神的实现。诉讼之初，死者近亲属情绪较为激动，二审法院坚持用法治思维和法治方法定分止争。

第一，明确了装修施工致人身损害案件中房屋业主应承担的安全保障义务。本案中，房屋业主将地板铺设发包给施工公司，二者构成承揽合同关系。施工公司雇佣施工人员提供劳务，二者构成劳务关系。业主与施工人之间并无直接法律关系，故“房屋业主对施工人承担侵权责任的请求权基础为何”系本案法律适用难点之一。因雇主责任抑或合同附随义务均无法作为本案业主担责的请求权依据，法院考虑能否将房屋业主行为纳入安全保障义务的范围。“安全保障义务”来源于德国判例法的“交往安全义务”理论，根据该理论，在判断行为人是否负有安全保障义务时，可从“场所控制”和“利益占有”相统一的角度进行分析，即从行为或活动的场所归属和利益归属来综合判断安全保障义务的承担者，该判断原则符合经济社会的谁受益谁担风险规律，亦符合民法诚信原则和权责统一原则。本案中，房屋业主作为房屋所有权人，对施工场地及附属设施具有创设及控制的权利，同时对施工人铺设地砖这一提供劳务行为亦享有直接利益，根据“交往安全义务”理论，房屋业主应对施工人负有安全保障义务。在确立安全保障义务作为请求权规范的基础上，二审法院抽丝剥茧，深入求证，抓住“施工人跌落缺口处未安装防护栏杆”这一关键事实，并引入《民用建筑设计统一标准》（GB50352—2019）作为规范依据，审慎衡量业主行为的过错及与损害后果的原因力，依法妥善认定房屋业主责任。通过个案裁判阐明树立如下裁判规则：（1）在房屋施工致人身损害案件中，房屋业主作为不动产设施的产权人，应确保房屋设施及施工场地安全，尽到对施工人的安全保障义务；（2）因房屋内部设施缺陷导致施工安全隐患，并与施工人人身损害后果具有因果关系的，房屋业主应在其过错范围内承担侵权责任。上述裁判规则为类案处理提供了参考范例。

第二，明确了在第三人未尽安全保障义务是造成提供劳务一方损害原因之一的情形下，接受劳务一方应与第三人承担按份责任。多数人侵权的责任样态一直是侵权责任法的难点。本案存在两种特殊侵权行为聚合的情形，即以劳务关系为基础的雇主责任以及“场所者”违反安全保障义务责任，对应的两个侵权主体“某装饰材料公司及王某5的责任形态为何”系本案又一法律适用难点。本案受害人一方以王某5未尽到安全保障义务为由主张其对某装饰材料公司的赔偿责任承担连带责任。对此，法院首先考察关于个人之间因提供劳务发生的侵权责任的规定，根据该规定[1]，第三人行为造成提供劳务一方损害的，接受劳务一方与实施侵权行为的第三人之间属于不真正连带债务。但该规定的适用前提应系第三人行为是造成损害后果全部原因的情形，而本案则存在多因一果的事实因果关系，故不适用上述规定。法院之后就分别侵权行为的构成要件予以考察[2]，其一，某装饰材料公司与王某5系分别实施侵权行为，两个侵权行为之间相互独立。其二，两个侵权行为均造成陈某8坠亡的同一法律后果。其三，两个侵权行为分别满足各自的侵权责任构成，某装饰材料公司对陈某8未尽到监督管理责任的过错行为与王某5未确保房屋设施及施工场地安全未尽到安全保障义务的过错行为相互结合共同导致陈某8坠亡，且每个侵权行为都不足以造成全部损害后果。综上，某装饰材料公司与王某5系构成分别侵权行为，应承担按份赔偿责任。法院综合各方过错及原因力，妥善认定各自责任比例，公平合理分配责任，体现了权责统一的责任分配原则。

第三，在社会效果层面，倡导弘扬诚实守规的社会公德，实现案结、事了、人和。本案中，别墅业主在私搭阁楼处预留缺口未依规设置防护栏杆，亦未告知施工人阁楼没有护栏和楼梯的情况，其提供的房屋设施存在重大安全隐患，将施工人的生命健康置于危险境地，违反了诚实守规的社会公德。二审法院根据案件事实以房屋业主未尽到安全保障义务判令其承担相应侵权赔偿责任，体现了对违规背信行为的惩戒，倡导了诚实守规的社会公德和友善互助的善良风俗，有助于引导物业主体依法合规使用物业设施、妥当履行安全保障义务，保障施工群体生命健康安全。该案判决后各方情绪稳定且表示接受二审判决结果，

---

① 《中华人民共和国民法典》第一千一百九十二条规定，个人之间形成劳务关系，提供劳务一方因劳务造成他人损害的，由接受劳务一方承担侵权责任。接受劳务一方承担侵权责任后，可以向有故意或者重大过失的提供劳务一方追偿。提供劳务一方因劳务受到损害的，根据双方各自的过错承担相应的责任。提供劳务期间，因第三人的行为造成提供劳务一方损害的，提供劳务一方有权请求第三人承担侵权责任，也有权请求接受劳务一方给予补偿。接受劳务一方补偿后，可以向第三人追偿。

② 《中华人民共和国民法典》第一千一百七十二条规定，二人以上分别实施侵权行为造成同一损害，能够确定责任大小的，各自承担相应的责任；难以确定责任大小的，平均承担责任。

体现了法律效果和社会效果的统一。

编写人：北京市第二中级人民法院　李珊　李政

21

个人施工队中农民工受害时责任主体的认定

——魏某诉张某等提供劳务者受害责任案

【案件基本信息】

1. 裁判书字号

山东省东营市垦利区人民法院（2022）鲁0505民初1447号民事判决书

2. 案由：提供劳务者受害责任纠纷

3. 当事人

原告：魏某

被告：张某、某市政园林工程公司、某钢结构公司

【基本案情】

2021年6月，魏某跟随张某在工地从事钢筋加工工作。2021年8月，魏某在项目钢筋加工工程工地操作弯曲机时，不慎将右手食指轧伤。事故发生后，现场带班人员张某1将魏某送至医院救治，魏某被诊断为开放性指骨骨折，建议住院治疗。当天，魏某在医院办理住院手续，治疗完毕后魏某出院。2021年11月，派出所接指挥中心指令，某工地发生纠纷，民警到场处置。各方经多次协商未果，魏某诉至法院，经鉴定，魏某因涉案事故产生护理期限30日、误工期限90日、营养期限30日。魏某为此支出鉴定费2005元。庭审中，张某申请证人张某1、张某2出庭作证，证实魏某跟随张某干活。魏某称涉案钢筋加工工程系某市政园林工程公司从某钢结构公司处转包后违法分包给张某。另查明，

魏某分三次收到张某发放工资 21000.27 元。魏某住院期间的医疗费由张某支付，并支付了 1000 元的生活费，雇用了三天的护工进行护理。

【案件焦点】

因涉案事故造成魏某损失的责任承担主体是谁。

【法院裁判要旨】

山东省东营市垦利区人民法院经审理认为：首先，一是魏某自称涉案工程系某钢结构公司转包给某市政园林工程公司，但其未提交证据予以佐证，法院不予采信，并且魏某未提交证据佐证其与某钢结构公司之间存在劳务关系，故其起诉某钢结构公司无事实和法律依据，法院不予支持；二是魏某主张某市政园林工程公司将涉案项目违法转包给不具备资质的张某个人，并以“四方沟通”录音为凭，但仅以此不能达到其证明目的，法院不予采信；张某称自己及魏某均系为某市政园林工程公司提供劳务，但从证人证言中能够认定，涉案项目系由张某作为现场管理人员进行实际管理，同时张某在人员管理、工资发放等方面均具有自主权，应当认定魏某系为张某提供劳务。其次，根据《中华人民共和国民法典》第一千一百九十二条第一款的规定，魏某作为学徒工，在操作钢筋弯曲机时，应当由熟练工进行监督、指导，并做好防护，但张某作为接受劳务者未能合理安排工作，致使魏某受伤，应负有管理责任；魏某在不具备操作能力的情况下，未拒绝带班人员的不合理工作安排，将自身置于危险之下，且在操作过程中未尽到审慎注意义务，出现不当失误致使自身受到损害，亦存在一定过错。综上，法院结合各方当事人过错程度及造成此次损害的原因力大小，酌情按照 8∶2 的责任比例由张某与魏某分别承担。经审理，魏某主张的损失应当由张某在责任比例内承担 13879.64 元。

山东省东营市垦利区人民法院依照《中华人民共和国民法典》第三条、第一百二十条、第一百七十九条、第一千一百六十五条、第一千一百七十三条、第一千一百七十九条、第一千一百九十二条，《最高人民法院关于审理人身损害赔偿案件适用法律若干问题的解释》（法释〔2020〕17 号）第七条、第八条、第九条、第十条、第十一条、第二十二条，《中华人民共和国民事诉讼法》第六十七条，《最高人民法院关于适用〈中华人民共和国民事诉讼法〉的解释》第九十条、第九十一条、第九十二条、第九十三条的规定，判决如下：

一、张某于本判决生效之日起十日内赔偿魏某住院伙食补助费1440元、营养费720元、误工费9284.26元、护理费1547.38元、交通费288元、鉴定费1600元，扣除张某垫付的生活费1000元，共计13879.64元；

二、驳回魏某的其他诉讼请求。

判决作出后，当事人未上诉，判决已经发生法律效力。

【法官后语】

本案主要涉及农民工在工地提供劳务过程中受害向谁求偿的问题。

城市化的快速发展离不开农民工的辛苦的付出，农民工作为城市建设发展的重要力量，其权益保护问题得到了社会的广泛关注，经过持续不断的治理，农民工权益得到了有效维护。但因农民工务工时间及企业用人成本考虑等情况，农民工多采用达成口头劳务合同的方式承担临时性劳务工作，在自身受到伤害时，无法准确找到责任承担主体。对于该类案件，应当从举证责任分配、主体法律关系、责任主体确定的依据等角度进行分析。

一、提供劳务者主张工程“发包人”承担连带责任的举证责任分配原则

民事案件的基本举证原则为“谁主张，谁举证”，在能够确定涉案工程来源的前提下，提供劳务者应就其主张工程“发包人”对其受害存在过错承担举证责任。《中华人民共和国建筑法》第二十八条规定了禁止转包，但该法第二十九条亦规定了总承包单位可以将承包工程分包给具备资质条件的单位。虽然施工单位在对其自身承包工程的合法性上举证责任强于合同外的第三人，但在相关施工单位均具备资质的条件下，主张施工单位之间存在转包或违法分包应当提交初步的证据进行举证，否则，会加重施工单位的证明责任，在施工过程中要不断地“自证清白”。同理，自然人在承接工程后，第三人质疑工程来源的合法性，亦应提交初步的证据或做出合理说明，在存在承揽合同的可能性的情况下，不能仅以对方陈述或个人不具备施工资质为由即确认“发包人”存在过错。如本案中，魏某

在庭审中主张某市政园林工程公司与某钢结构公司之间存在转包，张某与某市政园林工程公司存在违法分包，均未提交初步的证据，亦不能排除分包、承揽等关系，如此直接将举证责任分配至张某、某市政园林工程公司、某钢结构公司势必加重对方的举证责任，亦不利于营商环境的优化，显然不妥。

二、建设工程施工中存在多方主体情况下，提供劳务者与各方的法律关系

提供劳务者受害责任纠纷中，责任承担主体的确定以明确接受劳务者为前提，所以张某、某市政园林工程公司、某钢结构公司与魏某之间的法律关系是本案需要解决的焦点之一。该类案件系建设工程施工合同与提供劳务者受害责任法律关系交织的案件，确认该类案件的责任主体，应首先明确建设工程主体之间的法律关系。首先，《中华人民共和国建筑法》第二十九条第一款规定，建筑工程总承包单位可以将承包工程中的部分工程发包给具有相应资质条件的分包单位；但是，除总承包合同中约定的分包外，必须经建设单位认可。施工总承包的，建筑工程主体结构的施工必须由总承包单位自行完成。所以施工单位包括总承包方、分包承包方，并不能因工程施工中存在两个或两个以上施工主体就推定存在转包或违法分包，亦不能认定总承包、分包承包人存在过错。其次，《中华人民共和国建筑法》第二十九条第三款规定，禁止总承包单位将工程分包给不具备相应资质条件的单位。禁止分包单位将其承包的工程再分包。但并不意味着在工程建设中，自然人与施工单位之间所签订的合同即为建设工程施工合同，实践中，部分施工单位为降低成本及施工便捷将部分材料辅助加工等事项以承揽合同的方式交由个人承担，《中华人民共和国民法典》第七百七十条规定，承揽合同是承揽人按照定作人的要求完成工作，交付工作成果，定作人支付报酬的合同。承揽包括加工、定作、修理、复制、测试、检验等工作。显然，本案中张某与某市政园林工程公司之间系加工钢筋的承揽合同关系，双方的合同不能认定为无效，亦无法认定某市政园林工程公司存在过错。最后，劳务合同关系属于当事人在意思自治下达成的合意，需要劳动者提供劳务，接受劳务一方支付报酬，劳务合同关系具有以下特征：（1）双方之间存在一定人身依附关系，接受劳务方指导、监督提供劳务方按照其指示作业；（2）接受劳

务方主体具有广泛性，可以是个人、法人以及其他组织；（3）尊重当事人意思自治，双方关系的成立、解除依据双方约定，并无严格的法律程序限制。个人施工队为工地施工所招募的农民工符合以上特征，双方之间系个人之间虽未签订书面合同，但有明确的用工事实，形成了实质上的劳务合同关系，所以施工队的负责人应属于劳务接受一方。

三、明确各方主体法律关系下，承担赔偿的责任主体的确定

确定了张某与魏某之间存在劳务合同关系，并且魏某在从事劳务活动过程中受伤，那么张某与魏某承担责任的比例如何明确？根据《中华人民共和国民法典》第一千一百九十二条关于责任分配的规定，提供劳务一方因劳务受到损害的，根据双方各自的过错承担相应的责任，即指根据过错原则分配责任。本案中，建筑工地作为生产经营场所，其安全保障工作受《中华人民共和国安全生产法》的调整，张某虽属于自然人，但魏某在其带领下开展工作，张某则负有安全管理的义务，同时魏某在提供劳务时，也应当据实陈述自己的操作技能、知识储备等因素，履行对保障自身安全的必要注意义务。因双方均对事故的发生存在过错，法院根据各方过错程度、各方过错对事故发生的原因力、提供劳务者人权保障等因素，按照主次责任的比例分别分配给张某、魏某。

综上，在建设工程中提供劳务者受害仍然属于侵权责任的一种，在处理时需要按照过错责任进行认定。提供劳务者主张总承包方、分包承包方承担连带责任，虽应加重总承包方、分包承包方的举证责任，但仍需要提供劳务者提交初步的证据进行佐证。同时，承办法官秉持以具体分析案件为基础，以工程施工方与提供劳务者之间的法律关系为视角，依据法律规定、举证责任分配、当事人陈述，综合分析各方法律关系，在此基础之上，适用《中华人民共和国民法典》《中华人民共和国安全生产法》的相关规定，确定责任承担主体。如此明确各方主体责任，既能督促接受劳务一方按照要求为提供劳务者交纳意外险、工伤保险，提高对提供劳务者的保护力度，也有效地维护了无过错企业的合法利益，营造了良好的营商环境。

编写人：山东省东营市垦利区人民法院　王申镇　周乃信

22

雇主追偿权的行使条件及范围

——某物流公司诉刘某1追偿权案

【案件基本信息】

1. 裁判书字号

福建省武平县人民法院（2022）闽0824民初513号民事判决书

2. 案由：追偿权纠纷

3. 当事人

原告：某物流公司

被告：刘某1

【基本案情】

2018年8月，某物流公司雇请刘某1为其驾驶员。2019年5月13日，某物流公司为福田牌闽F63×××号重型厢式货车在中国某财产保险股份有限公司龙岩中心支公司，投保了机动车交通事故责任强制保险。2019年5月15日，某物流公司为福田牌闽F63×××号重型厢式货车在中国某财产保险股份有限公司龙岩中心支公司，投保了不计免赔限额100万元的机动车综合商业保险。保险期均为2019年5月16日0时起至2020年5月15日24时止。

2020年2月25日19时30分许，刘某1驾驶福田牌闽F63×××号重型厢式货车，沿国道358线由上杭县城方向往蛟洋镇方向行驶，途经蛟洋镇华家村事故路段时，其所驾车辆碰撞前方同向推着人力板车的行人华某2，造成华某2受伤及两车损坏的交通事故。事故发生后，刘某1驾驶车辆逃离现场，后经办案民警传唤于2020年2月26日凌晨2时许将车开回派出所接受调查。2020年3月10日，交通管理大队出具《道路交通事故认定书》，认定刘某1构成交通事故逃逸，刘某1应承担此事故全部责任，华某2不承担此事故责任。2020年10月29日，福建省上杭县人民法院作出刑事判决书，该判决书认定："被告人刘某1违反交通运输管理法规，造成致一人死亡并负事故全部责任的重大交通事故，且肇事后逃逸，事实清楚，证据确实、充分，其行为已构成交通肇事罪。"判决被告人刘某1犯交通肇事罪，判处有期徒刑三年三个月。

2021年4月2日，上杭县人民法院作出一审民事判决。因余某3、某物流公司不服上杭县人民法院作出的一审民事判决，向福建省龙岩市中级人民法院提起上诉，福建省龙岩市中级人民法院于2021年8月2日作出二审民事判决，判决：1. 撤销福建省上杭县人民法院一审民事判决；2. 中国某财产保险股份有限公司龙岩中心支公司应在本判决生效后十日内在交强险责任范围内赔偿华甲、华乙、华某4因华某2受伤、死亡的营养费、住院伙食补助费、交通费、家属处理后事误工费、家属处理后事交通费、护理费、丧葬费、死亡赔偿金（含被抚养人生活费）、精神损害抚慰金等合计110000元；3. 某物流公司应在本判决生效后十日内扣除交强险已赔付以外赔偿华甲、华乙、华某4因华某2受伤、死亡的医疗费、营养费、住院伙食补助费、交通费、家属处理后事误工费、家属处理后事交通费、护理费、丧葬费、死亡赔偿金（含被抚养人生活费）等合计458180.23元；4. 刘某1对某物流公司的上述款项承担连带赔偿责任。二审案件受理费8882元，由某物流公司承担，一审案件受理费7906元，由某物流公司、刘某1负担3000元。

福建省龙岩市中级人民法院作出的二审民事判决书生效后，华乙、华某4、华甲向上杭县人民法院申请执行。2021年8月7日，某物流公司将赔偿款458180.23元交到上杭县人民法院账户。2021年11月1日，上杭县人民法院作出执行案件结案通知书，认定：某物流公司已缴纳458180.23元。某物流公司支出上杭县人民法院一审民事案件诉讼费3000元，支出福建省龙岩市中级人民法院二审民事案件诉讼费8882元。

【案件焦点】

雇主某物流公司追偿权的行使范围问题。

【法院裁判要旨】

福建省武平县人民法院经审理认为：《最高人民法院关于适用〈中华人民共和国民法典〉时间效力的若干规定》第一条第二款规定，《中华人民共和国民法典》施行前的法律事实引起的民事纠纷案件，适用当时的法律、司法解释的规定，但是法律、司法解释另有规定的除外。本案事故发生于《中华人民共和国民法典》施行前，故本案应适用当时的法律、司法解释的规定。根据法律事实发生时施行的《最高人民法院关于人身损害赔偿案件适用法律若干问题的解释》（法释〔2003〕20号）第九条第一款规定："雇员在从事雇佣活动中致人损害的，雇主应当承担赔偿责任；雇员因故意或者重大过失致人损害的，应当与雇主承担连带赔偿责任。雇主承担连带赔偿责任的，可以向雇员追偿。"根据审理查明事实，2020年3月10日，交通管理大队出具《道路交通事故认定书》，认定：刘某1构成交通事故逃逸，刘某1应承担此事故全部责任，华某2不承担此事故责任。因此，刘某1对其侵权行为存在重大过失。应当与雇主某物流公司承担连带赔偿责任。某物流公司承担连带赔偿责任后，可以向刘某1追偿。

关于雇主某物流公司向雇员刘某1的追偿范围，《最高人民法院关于人身损害赔偿案件适用法律若干问题的解释》（法释〔2003〕20号）第九条第一款，未予以明确。该款前段规定，雇主对雇员因一般过失致第三人损害承担替代赔偿责任。该款后段规定，雇主与雇员对雇员因故意或重大过失致第三人损害承担连带赔偿责任，雇主因此承担连带赔偿责任的，可以向雇员追偿。根据对其前段和后段进行体系解释，雇主对雇员在工作中造成的损失负有一定的容忍义务，其对雇员的追偿权应有所限制，并应适用与有过失减轻责任规则。

就本案而言，刘某1作为某物流公司的工作人员，在工作过程中发生交通事故后逃逸。对于其逃逸行为，可合理推定刘某1主观上具有故意，但无法据此推断其明知逃逸会导致保险公司商业险拒赔的后果，某物流公司也未提供充分证据证明，其已充分履行对雇员的保护、教育、管理责任。综上，刘某1对其侵权行为存在重大过失，对于刘某1逃逸导致保险公司拒赔商业险造成某物流公司的损失，刘某1亦具有重大过失，刘某1应当为自己的重大过失侵权行为承担赔偿责任。某物流公司作为雇佣活动的获益方，对刘某1在工作中造成的损失负有一定的容忍义务，且某物流公司未提供充分证据证明，其已充分履行对雇员的保护、教育、管理责任，应承担部分赔偿责任。根据本案查明事实，对于本案中刘某1的重大过失行为，酌定其承担70%的赔偿责任，某物流公司自行承担30%的赔偿责任为宜。

某物流公司已支付共同赔偿款458180.23元，上杭县人民法院（2020）闽0823民初1586号一审民事案件共同诉讼费3000元。扣除某物流公司应自行承担部分，尚余（458180.23元+3000元）×70%＝322826.16元，某物流公司有权向刘某1追偿。刘某1未按期支付某物流公司代偿款，应承担逾期资金占用损失。某物流公司诉请刘某1承担自起诉之日起至款项清偿之日按年利率3.85%计算的利息，法院认为应以同期一年期贷款市场报价利率计算为宜。

福建省武平县人民法院依照《最高人民法院关于适用〈中华人民共和国民法典〉时间效力的若干规定》第一条第二款，《中华人民共和国侵权责任法》第八条、第十四条，《最高人民法院关于审理人身损害赔偿案件适用法律若干问题的解释》（法释〔2003〕20号）第九条第一款，《最高人民法院关于〈中华人民共和国民事诉讼法〉的解释》第九十条规定，判决如下：

一、刘某1应于本判决生效后十日内偿还某物流公司代偿款322826.16元，及以尚欠代偿款322826.16元为基数自2022年3月23日起至实际清偿之日止按同期一年期贷款市场报价利率计算的利息；

二、驳回某物流公司的其他诉讼请求。

宣判后，当事人均未上诉，判决已发生法律效力。

【法官后语】

一、雇主追偿权的行使条件

雇主追偿权的存在源于替代责任。雇主追偿权是指由于雇员故意或者重大过失导致侵权发生的情况下，雇主在承担雇主责任后，向雇员追偿的权利。只有在雇员存在故意或重大过失的情况下，雇主才享有追偿权，并且应当衡平双方利益，划分适当责任。关于故意，指明知危害结果会发生，仍追求或放任结果的发生。如果雇员主观上存在对侵权行为的故意，即意味着雇员的行为已不属于雇主意志所追求的工作目的，系雇员的个人行为，后果自然应当由雇员个人承担。关于过失，民法上的过失，即是对注意义务的违反，重大过失是指行为人因疏忽或过于自信，不仅没有遵守法律上较高的注意要求，甚至连人们一般应注意并能够注意的要求都未达到，以致造成某种后果。本案中，刘某1作为某物流公司的工作人员，在工作过程中发生交通事故后逃逸，对其逃逸行为，可合理推定刘某1主观上具有故意，但无法据此推断其明知逃逸会导致保险公司商业险拒赔的后果，某物流公司也未提供充分证据证明其已充分履行对雇员的保护、教育、管理责任。因此，可以认定刘某1对其侵权行为存在重大过失，对逃逸导致保险公司拒赔商业险造成某物流公司的损失亦具有重大过失。

二、雇主追偿权的行使范围及责任划分

在雇员故意或者重大过失的情况下，雇主享有向雇员追偿的权利。雇主追偿权的数额，根据公平和利益衡平原则来确定。公平原则是民事活动应当遵循的原则之一，公平是以利益均衡作为价值判断标准来调整民事主体之间的物质利益关系的原则。在雇佣关系中，雇员的劳动直接为雇员创造利润，雇员的侵权行为造成的损失应当计入雇主的生产成本和经营风险，所受损失应当参照双方的收益比例等因素，合理划分责任。若雇员存在侵权故意，雇员的行为已不属于雇主意志所追求的工作目的，系雇员的个人行为，后果自然应当由雇员个人承担，雇主享有100%的追偿。若雇员存在重大过失，此种情况下雇主的追偿比例较为复杂，主要考虑以下因素：其一，雇主和雇员的收益情况。雇员履行职责所产生的收益是为雇主带来效益，雇主向雇员的付出是较小的，受益却较大，追偿比例则应当较小。这在实践中要结合不同行业、不同工作种类和不同的劳动安全条件来进行确定。其二，雇主对雇员尽义务情况。雇主应负有选任、监督、管理、培训等义务，应当定期对雇员进行教导和技能培训，如雇主在此方面较为完善，则可以减轻其责任，即追偿比例较大。本案中，雇主某物流公司作为雇佣活动的获益方，对刘某1在工作中造成的损失负有一定的容忍义务，且某物流公司未提供充分证据证明其已充分履行对雇员的保护、教育、管理、培训责任，应承担部分赔偿责任。根据本案查明事实，对于本案中刘某1的重大过失行为，酌定其承担70%的赔偿责任，某物流公司自行承担30%的赔偿责任为宜。

编写人：福建省龙岩市武平县人民法院　何霖昌　林莉婷

23

发包人、承揽人存在过错导致劳务提供者受到损害的，应当根据过错程度承担相应责任

——高某诉北海市某建材商行等提供劳务者受害责任案

【案件基本信息】

1. 裁判书字号

广西壮族自治区北海市中级人民法院（2022）桂05民终1775号民事判决书

2. 案由：提供劳务者受害责任纠纷

3. 当事人

原告（被上诉人）：高某

被告（上诉人）：北海市某建材商行

被告：北京某城建公司、北海市某小学

【基本案情】

2020年12月19日，高某与其丈夫谢某在北海市某小学修补腻子时从三楼人字梯上摔落导致受伤。事发当日，高某先后在市人民医院住院治疗213天、市人民医院康复科住院治疗132天。出院医嘱：患者病情平稳，因遗留肢体功能障碍、言语障碍、吞咽困难、认知困难，右额部术口开裂约0.8cm未愈合，

仍需继续治疗，现由于新旧系统切换，拟明日重新办理出入院手续。2021年11月29日，高某再次进入市人民医院神经外科住院治疗，至今未出院。高某住院期间产生医疗费、护工费等损失。经司法鉴定认定高某的损伤构成一级伤残，伤后护理期432日，护理依赖程度为完全护理依赖，护理依赖从护理期432日结束起计算。高某为此支付鉴定费6060元。

另查明，北京某城建公司为北海市某小学项目设计、采购、施工（EPC）总承包单位。2019年8月2日，北京某城建公司与北海市某建材商行签订《工业品买卖合同》，向北海市某建材商行购买内、外墙涂料。除购买涂料外，北京某城建公司还将刮腻子的劳务工程分包给北海市某建材商行，对此进行了劳务结算。北海市某建材商行仅具备腻子粉零售的工商许可资质。

2021年1月30日，北海市某区人民政府组建事故调查组，开展事故调查工作，并作出《关于事故的调查报告》。北海市某建材商行、北京某城建公司均对调查报告持异议，其中，北海市某建材商行辩称其没有雇佣高某，是高某的丈夫谢某作为承揽人，雇佣高某做工。北京某城建公司辩称案涉工程系维修工程，但教学楼主体已经竣工且超出一年质保期，北京某城建公司并未叫北海市某建材商行进行维修施工。

【案件焦点】

各被告应否承担侵权责任。

【法院裁判要旨】

广西壮族自治区北海市海城区人民法院经审理认为：公民的生命健康权受法律保护。侵害他人造成人身损害、财产损失的，侵权人或赔偿义务人依法应承担相应的赔偿责任。高某的丈夫受北海市某建材商行的雇佣至北海市某小学进行刮腻子的劳务工作，事发当天，与高某一同施工，北海市某建材商行否认对高某的雇佣行为，但其在现场的管理人员明确看到高某在人字梯上施工而未加以阻止的行为，应当视为北海市某建材商行对高某提供劳务之行为的默认。因此，法院认为高某与北海市某建材商行之间已形成事实上的劳务关系，高某因提供劳务受到损害，高某作为提供劳务一方、北海市某建材商行作为接受劳务一方，应当根据双方各自的过错承担相应的责任。事发时，高某独自一人使用人字梯向上攀登，且未采取任何安全措施，已违反《建筑施工高处作业安全技术规范》（JGJ80-2016）第5.1.3条中“在通道处使用梯子作业时，应有专人监护或设置围栏”的强制性规定，具有主要过错。北海市某建材商行雇佣高某及其丈夫谢某进行施工，却未提供相应的安全设施、设备，其派驻现场的工作人员黄某1，也未就高某施工中存在的安全隐患、违反操作规程的行为加以制止，具有过错。北京某城建公司明知北海某建材商行仅具备腻子粉零售的工商许可资质，仍将该腻子维修的劳务工程分包给北海某建材商行，且未派驻人员在现场进行看护和管理，存在过错。北海市某小学作为案涉教学楼的管业一方，其就教学楼腻子损坏的事实联系总包方北京某城建公司进行维修的行为并无过错，综合各方的过错责任，法院依法认定高某和北海某建材商行、北京某城建公司分别对涉案事故承担60%、30%、10%的责任。法院依据涉案司法鉴定意见，根据《中华人民共和国侵权责任法》的相关规定，参照《2021年广西壮族自治区道路交通事故人身损害赔偿项目计算标准》，确认赔偿项目及金额原告高某因本案事故产生医疗费、残疾辅助器具费、误工费、护理费、营养费、住院伙食补助费、残疾赔偿金（含被扶养人生活费）合计1978241.11元。按照责任比例，北海市某建材商行应当赔偿593472.33元，北京某城建公司应当赔偿197824.11元，扣除两被告已提前支付的部分，北海市某建材商行还应向高某赔偿498472.33元。对于北京某城建公司额外支付的147767.89元，其表示系出于对受害者高某的生命和基本生存状况的同情和关怀，基于人道主义而给予的经济帮助，法院予以支持和肯定。

广西壮族自治区北海市海城区人民法院依照《最高人民法院关于适用〈中华人民共和国民法典〉时间效力的若干规定》第一条，《中华人民共和国侵权责任法》第十六条、第三十五条，《最高人民法院关于审理人身损害赔偿案件适用法律若干问题的解释》第六条、第七条、第八条、第十条、第十一条、第十二条、第十三条、第十七条，《中华人民共和国民事诉讼法》第六十七条之规定，判决如下：

一、北海市某建材商行赔偿498472.33元给高某；

二、驳回高某的其他诉讼请求。

北海市某建材商行不服一审判决，提起上诉。

广西壮族自治区北海市中级人民法院经审理同意一审法院裁判意见，判决：驳回上诉，维持原判。

【法官后语】

在提供劳务者受害纠纷中，发包人明知承揽人无资质，在承揽人的选任上存在过错，应当承担与其过错相应的赔偿责任。承揽人在选用人员及安全管理方面未尽到法定义务对事故的发生应负一定的责任。被雇佣人员在从事劳动活动中也有安全注意义务，否则也应自行承担相应的责任。本案中，北京某城建公司明知承包人没有施工资质，仍将涉案修复项目交北海市某建材商行承揽，在承揽人的选任上存在一定的过错，应当承担相应的赔偿责任；北海市某建材商行作为雇主、涉案项目的承揽人，在施工时未尽到安全管理义务，未依法提供安全设施、设备，其派驻现场的工作人员亦未排除安全隐患，应承担主要过错责任的高某在从事劳务活动中，没有注意自身安全，在施工时未采取安全防范措施，对损害的发生也应承担一定的责任。为减少此类人身损害事件的发生，发包人应选任有资质的单位或个人，承包人也应尽到法定的安全管理义务，审慎地选任承揽施工人，并在有条件的情况下尽量为施工人员购买人身意外伤害保险，另外，提供劳务方也应加强自身安全意识，遵守施工安全操作规程，采取必要的安全防护措施，消除导致的安全隐患，以保障其安全。

建设工程施工提供劳务者受害的责任承担的认定问题。第一类个人之间形成劳务关系，如造成提供劳务者损害可按照《中华人民共和国民法典》关于个人之间形成劳务关系造成的提供劳动者损害的责任承担的规定予以处理；第二类个人与法人或非法人组织之间劳务关系，因最高人民法院修正司法解释删除废止了关于雇员人身损害的规定，法人或非法人组织之间与他人建立劳务雇佣关系的合法性的问题仍需进一步明确。在单位与个人之间劳务关系的法律适用及侵权责任规则确认未有明确法律规定，无法适用无过错归责原则，但实际中确实存在单位与个人之间非雇佣关系而劳务提供者受害的情形，笔者认为参照过错责任予以处理，符合侵权责任法律原则和精神。该种解决规则可以根据《中华人民共和国安全生产法》的相关法律规定认定单位是否存在过错，继而判定单位应否承担侵权责任。按照原司法解释规定提供劳务者受害的雇主承担无过错责任，即受害方无需对雇主是否存在过错承担举证责任，对于特殊领域，如建筑领域分包、转包中提供劳务的个人，如农民工在受侵害时维护自身权益具有积极意义，适用过错责任归责时亦需考虑有无加重受害者的举证责任的可能性。

编写人：广西壮族自治区北海市海城区人民法院　张洁　姚裕梅　施成兰

24

发包人将工程发包给无资质的个人情形下的雇员受害赔偿责任认定

——王某甲诉某商贸公司等提供劳务者受害责任案

【案件基本信息】

1. 裁判书字号

山东省淄博市中级人民法院（2022）鲁03民终2426号民事判决书

2. 案由：提供劳务者受害责任纠纷

3. 当事人

原告（被上诉人）：王某甲

被告（上诉人）：某商贸公司

被告：王某乙、于某

【基本案情】

2020年6月，某商贸公司与案外人某建筑公司周村分公司签订合同，约定由其承接新华大道改建及正阳路改建工程路面拆除、外运等工程。其中，王某乙负责了新华大道东门路以西至西外环路标段，于某负责了新华大道东门路以东至正阳路标段。工程期间，于某安排其手下人员联系劳务市场，招用了包括王某甲在内的人员到工程工地从事劳务工作。

2020年8月25日17时许，王某甲在协助同事加注汽油时，因同事操作不当导致从抽水泵加注汽油口溢出少量汽油倒在王某甲裤子上，高温抽水泵燃烧，导致油桶起火、王某甲被烧伤。王某甲被送至医院住院治疗，诊断结论为烧伤。王某甲伤情经法医司法鉴定所鉴定构成八级伤残。

事故发生后，王某甲用案外人马某账户支付的40000元缴纳了医疗费，于某委托王某乙对王某甲工伤事宜进行协调后通过案外人王某丙账户赔偿王某甲35000元。

【案件焦点】

对发包人将工程发包给无资质的个人情形下的雇员受害赔偿责任的正确认定。

【法院裁判要旨】

山东省淄博市周村区人民法院经审理认为：王某甲系为某商贸公司所承包劳务项目提供劳务时受到伤害，在某商贸公司未提交证据证明其与王某甲之间不存在劳务关系、王某甲存在过错情况下，应由某商贸公司对王某甲的损失先行予以赔偿。王某甲同时主张为王某乙、于某提供劳务的诉求，因未提供证据证实受该二人雇佣提供劳务及该二人与某商贸公司的关系的证据，其对该二人的诉讼请求，不予支持。某商贸公司未答辩其与王某乙、于某之间的关系，该公司可在先行赔付王某甲损失后，根据其与实际责任人的法律关系进行追偿。

山东省淄博市周村区人民法院依照《中华人民共和国侵权责任法》第六条、第十六条、第三十五条，《最高人民法院关于审理人身损害赔偿案件适用法律若干问题的解释》第十一条、第十七条、第十八条、第二十一条、第二十二条、第二十三条、第二十五条,《中华人民共和国民事诉讼法》第六十七条、第一百四十七条,《最高人民法院关于适用〈中华人民共和国民法典〉时间效力的若干规定》第一条第二款规定,判决如下:

一、某商贸公司在本判决生效之日起十日内赔偿王某甲护理费、住院伙食补助费、交通费、残疾赔偿金、精神损害抚慰金等共计241136元;

二、驳回王某甲的其他诉讼请求。

某商贸公司不服一审判决,提起上诉。

山东省淄博市中级人民法院经审理认为:本案王某甲事故发生在于某承接的工程标段,庭审中于某自认王某甲系其安排人员从劳务市场招工,且于某安排人员向劳务市场支付了劳务费用,故王某甲的人身损害责任应由于某承担。根据某商贸公司与案外人某建筑公司周村分公司签订的合同,其约定由某商贸公司承接周村区新华大道改建及正阳路改建工程路面拆除、外运等工程。某商贸公司虽主张其承接的只是西标段工程,但无证据予以证明,不予支持,故某商贸公司应当对合同约定的整个新华大道工程段负责。综合本案证据和各方当事人的陈述,于某虽对利用的何人资质承接的工程没有作出说明,但其承接的工程段在某商贸公司合同约定的整个新华大道工程段内,故认定某商贸公司把工程东标段承包给了没有资质的于某。根据《最高人民法院关于审理人身损害赔偿案件适用法律若干问题的解释》(法释〔2003〕20号)第十一条第二款之规定,雇员在从事雇佣活动中因安全生产事故遭受人身损害,发包人、分包人知道或者应当知道接受发包或者分包业务的雇主没有相应资质或者安全生产条件的,应当与雇主承担连带赔偿责任。故某商贸公司应当承担连带责任。

山东省淄博市中级人民法院依照《最高人民法院关于适用〈中华人民共和国民法典〉时间效力的若干规定》第一条、《最高人民法院关于审理人身损害赔偿案件适用法律若干问题的解释》第十一条、《中华人民共和国民事诉讼法》第一百七十七条第一款第二项规定,判决如下:

一、撤销一审民事判决;

二、于某在本判决生效之日起十日内赔偿王某甲护理费、住院伙食补助费、交通费、残疾赔偿金、精神损害抚慰金等共计 241136 元；

三、某商贸公司对于某上述赔偿承担连带责任；

四、驳回王某甲的其他诉讼请求。

【法官后语】

经济的发展使得建设工程的数量不断增加，随之而来的就是种类纷繁复杂的建设工程施工合同的大量运用。但是由于各种因素，我国建设工程的主体仍旧存在法律意识淡薄等问题，司法实践中就经常出现承包人将合同发包给无资质的个人的情况，由此形成的诉讼纠纷也日益增多。其中，提供劳务者受害责任纠纷涉及多方主体，对责任分担进行正确认定是妥善解决此类纠纷的关键所在。本案主要涉及的就是发包人将工程发包给无资质的个人情形下的雇员受害赔偿责任的认定问题。

提供劳务者受害责任纠纷是指提供劳务的一方在提供劳务时受到损害，各方因损害赔偿责任的分担问题产生的纠纷，需要强调的一点是，此类纠纷有一个必要前提，存在劳务关系，劳务关系是指平等主体之间形成的一方提供劳务、另一方支付报酬的权利义务关系。在司法实践中对劳务关系的认定较为复杂，主要是因为建设工程施工合同中的劳务关系多见临时用工，双方没有签订书面的劳务合同，应如何准确把握是否存在劳务关系的难度较大。与此同时，由于实践中的劳务关系会涉及发包人、分包人等多种主体，故要结合具体情况进行具体分析，本案涉及的就是存在发包人、雇主以及提供劳务主体这三类主体的建设工程施工合同。

同时，对上述定义中“提供劳务时”的正确理解也很重要。一般而言，包括以下几种情形：(1) 在从事日常工作过程中受到损害；(2) 在从事接受劳务方指定的临时性工作中受到损害；(3) 在工作环境中接触有害因素而造成损害；(4) 紧急情况下，虽然未经接受劳务方指示但为接受方利益，在所从事的工作中受到损害；(5) 在工作时间和区域内或者在工作结束后的合理时间内，因工作原因诱发疾病导致死亡；(6) 乘坐接受劳务方安排的交通工具往返工作地点途中遭受损害；（7）在接受劳务方安排的住宿地遭受火灾、爆炸等意外伤害；（8）因工作原因或者接受劳务方原因与他人发生纠纷而被他人侵害的。[①]对于提供劳务者受害责任纠纷责任承担问题，参考2004年《最高人民法院关于审理人身损害赔偿案件适用法律若干问题的解释》第十一条第二款之规定，雇员在从事雇佣活动中因安全生产事故遭受人身损害，发包人、分包人知道或者应当知道接受发包或者分包业务的雇主没有相应资质或者安全生产条件的，应当与雇主承担连带赔偿责任。据此，发包人将工程发包给无资质的个人情形中，提供劳务者受害责任应该由雇主承担，发包人知道或者应当知道雇主无资质的要承担连带赔偿责任。

本案中，某商贸公司系发包人、于某系雇主、王某甲系雇员，虽然没有签订书面的劳务合同，但是于某在庭审中自认王某甲系其安排人员从劳务市场招用，且于某安排人向劳务市场支付了劳务费用，所以于某与王某甲之间的劳动关系成立。而且于某虽对利用的何人资质承接的工程没有作出说明，但于某承接的工程段在某商贸公司合同约定的整个新华大道工程段内，故可以认定某商贸公司把工程东标段承包给了没有资质的于某。综上所述，于某应承担关于王某甲的提供劳务者受害责任，某商贸公司作为发包人应承担连带赔偿责任。

编写人：山东省淄博市中级人民法院　荣明潇　杨富元
山东省淄博市周村区人民法院　张蓓

① 《提供劳务者受害责任纠纷案件的审理思路和裁判要点》，载上海市第一中级人民法院网站，https：//www. a-court. gov. cn/xxfb/no1court_ 412/docs/202101/d_ 3694510. html，最后访问时间：2024年3月8日。

四、雇主与其他被告、第三人之间的责任划分

25

第三人向提供劳务者帮工时致其损害，雇主在无过错情况下应承担补偿责任

——董某1诉贾某提供劳务者受害责任案

【案件基本信息】

1. 裁判书字号

北京市通州区人民法院（2022）京0112民初2739号民事判决书

2. 案由：提供劳务者受害责任纠纷

3. 当事人

原告：董某1

被告：贾某

第三人：吴某2

【基本案情】

2018年7月，董某1入职担任司机一职，贾某提供小型面包车（以下简称涉案车辆）一辆，董某1每日早晚一次往返某快递公司通州分拣中心至郎府站点送货。2018年10月25日，董某1乘坐吴某2驾驶上述车辆发生交通事故受

伤，吴某2负此次事故全部责任。经查，贾某提供的车辆在2018年2月后未年检，也未投保交强险。

【案件焦点】

1. 三者之间是何种法律关系；2. 雇主贾某是否应当承担责任；3. 若贾某应当承担责任，应承担补偿责任还是赔偿责任。

【法院裁判要旨】

北京市通州区人民法院经审理认为：贾某与董某1之间建立个人间劳务关系；贾某未雇佣吴某2，双方不存在劳务关系。董某1从事的司机劳务工作可由其自身独立完成，现有证据不能证实吴某2代替其驾车行为系经雇主贾某明确同意或行为默许，亦无证据表明存在董某1不能驾驶或为保全雇主贾某重大利益不得已而为之等紧急情况，吴某2帮助董某1驾驶车辆系基于双方的近亲属关系，故吴某2与董某1之间存在无偿帮工关系，吴某2系帮工人，董某1系被帮工人。

提供劳务一方因劳务受到损害的，根据双方各自的过错承担相应的责任。因此，贾某作为雇主首先应承担劳务关系中的过错责任。董某1具有驾驶资格，贾某雇佣其从事司机工作不存在选任过错；贾某提供的车辆虽无年检，但现有证据不能证实该车辆存在安全隐患并因此发生交通事故，即交通事故的发生与车辆是否年检不存在法律上的因果关系；第三人吴某2驾车发生交通事故，同上所述，无证据表明贾某对此知晓或应当知晓，由此扩大的风险不应由贾某承担。因此，贾某作为雇主对于董某1的受伤没有明显过错，不应承担过错责任。

因第三人的行为造成提供劳务一方损害的，提供劳务一方有权请求第三人承担侵权责任，也有权请求接受劳务一方给予补偿。接受劳务一方补偿后，可以向第三人追偿。吴某2驾驶车辆发生交通事故致使乘车人董某1受伤，吴某2系侵权人，其应承担侵权责任，现董某1请求雇主贾某给予补偿，具有事实与法律依据。因吴某2与董某1系无偿帮工关系，吴某2驾车发生交通事故并负全部责任，其对董某1受伤具有过错；董某1未经雇主同意将车辆交由吴某

2驾驶，加大了发生事故的风险，亦具有过错，法院综合双方行为、过错程度确定吴某2的赔偿比例为30%。贾某应先按此比例承担补偿责任，但需指出雇主贾某承担的补偿责任应为不真正连带责任，其补偿后可向侵权人吴某2追偿。

北京市通州区人民法院依照《中华人民共和国民法典》第一千一百九十二条、《中华人民共和国民事诉讼法》第六十七条之规定，判决如下：

一、贾某赔偿董某1医疗费20127.82元、残疾赔偿金48910.8元、护理费32400元、误工费32400元，营养费10800元、住院伙食补助费420元、交通费300元、精神损害抚慰金1500元、鉴定费975元，以上合计147833.62元，于本判决生效之日七日内执行完毕；

二、驳回董某1的其他诉讼请求。

判决作出后，当事人均未提出上诉，该判决现已生效。

【法官后语】

本案中，吴某2作为董某1的亲属，帮助其驾驶涉案车辆，本身双方之间系无偿帮工的法律关系，问题在于董某1亦受贾某雇佣从事劳务，这使得各方之间的法律关系存在争议。除了上述法律关系的争议之外，贾某是否应当承担责任，其应当承担何种责任以及董某1对于自身受伤是否存在过错亦是本案需要厘清的问题。

就吴某2与董某1、贾某之间的法律关系。在本案的审理过程中，存在两种观点，第一种观点认为，贾某与董某1之间系劳务关系，吴某2与董某1之间系义务帮工关系，现无证据证明吴某2受贾某雇佣或贾某对其义务帮工的行为知情，故其与贾某之间不存在法律关系，但吴某2作为董某1与贾某劳务关系的组成部分，其造成董某1受伤应当视为董某1因劳务受到损害，该损害不涉及第三人行为，应当按照《中华人民共和国民法典》第一千一百九十二条第一款的规定“……提供劳务一方因劳务受到损害的，根据双方各自的过错承担相应的责任”。故贾某作为接受劳务一方应当对董某1的损害承担过错责任，本案中贾某不存在过错行为，故无需承担责任。第二种观点认为，贾某与董某1之间系劳务关系，吴某2与董某1之间系义务帮工关系，其与贾某之间不存在法律关系，其造成董某1损害的行为应当分别放在两个关系中予以认定。就吴某2与董某1之间，董某1作为被帮工人，其因帮工人的行为受到损害，应当适用过错归责原则，双方在各自过错范围内承担责任。就董某1与贾某之间，因贾某与吴某2之间无任何法律关系，故董某1的损害系由双方劳务关系之外的第三人即吴某2造成，故应当根据《中华人民共和国民法典》第一千一百九十二条第二款的规定："提供劳务期间，因第三人的行为造成提供劳务一方损害的，提供劳务一方有权请求第三人承担侵权责任，也有权请求接受劳务一方给予补偿。接受劳务一方补偿后，可以向第三人追偿。"贾某应当在吴某2应当承担的责任范围内承担补偿责任。

承办人采取了第二种观点，原因如下：其一，在没有证据证明贾某对吴某2提供无偿帮工系知情的情况下，将吴某2纳入贾某与董某1的劳务关系中，混淆了提供劳务者与义务帮工人的概念，模糊了接受劳务者的责任，与立法精神不符，分别对法律关系进行认定，更有助于厘清法律关系，对生活中的类似法律问题有示范和指导意义。其二，现阶段我国法律未明确规定提供劳务者致受劳务者损害以及义务帮工人致使被帮工人损害的情形所适用的归责原则，但是从相关法律的立法本意以及公平公正原则出发，可以得出如下结论：一是在劳务关系中，提供劳务者致使他人损害时适用无过错责任归责原则，接受劳务者作为劳务关系中的组成部分，显然不能简单推定为前述的"他人"，"他人"所指的是劳务关系之外的第三人；二是《中华人民共和国民法典》第一千一百九十二条规定的立法本意在于保护劳务活动中遭到损害的人，接受劳务者亦在被保护的范围内，故若适用无过错责任归责原则，接受劳务者遭到的损害无法得到救济，违背了立法精神。

综上，在上述情况下应当适用过错归责原则，义务帮工人致使被帮工人损害的情形亦与上述分析一致。回归到本案中，吴某2造成董某1损害，应当适用过错归责原则，董某1在未经得贾某同意的情况下擅自将涉案车辆交与吴某2驾驶，加大了事故发生的风险，对其自身的损害后果应当承担相应过错责任，作为提供劳务者，对吴某2对其造成的损害，其可以基于义务帮工关系选择由吴某 2 承担责任，亦可基于劳务关系由贾某承担补偿责任，本案中其选择由贾某承担补充责任于法有据，根据前文所述，贾某在承担责任后可向吴某 2 追偿。

编写人：北京市通州区人民法院　田小雨　崔雨桐

26

雇主责任与第三人侵权责任竞合

——张某 1 诉朱某 2 提供劳务者受害责任案

【案件基本信息】

1. 裁判书字号

北京市第二中级人民法院（2022）京 02 民终 10542 号民事判决书

2. 案由：提供劳务者受害责任纠纷

3. 当事人

原告（上诉人）：张某 1

被告（被上诉人）：朱某 2

第三人：中国某国际旅游公司

【基本案情】

张某 1 于 2018 年 9 月 3 日开始受雇于朱某 2，从事大型客车司机工作。2019 年 1 月 21 日张某 1 受朱某 2 指派至某修理厂维修归中国某国际旅游公司所有的京 B×××2 中型骏威旅游客车，当天 17 时 40 分左右张某 1 下车，掉入旁边一侧的修理沟受伤。张某 1 主张因修理厂无任何照明、安防及警示措施，造成其多处损伤，以某修理厂的经营人郭某 3 为被告起诉至北京市丰台区人民法院，北京市丰台区人民法院于 2021 年 5 月 10 日作出一审民事判决书，认定郭某 3 作为车场经营人，未尽到场地安全保障义务，对张某 1 受伤具有过错，张某 1

作为中巴司机，应对车场环境有所关注，天黑照明不足，更应谨慎行走，其对受伤自身亦存有过错，确认郭某 3 和张某 1 的过错比例为 60%、40%，该判决已生效。后来，张某 1 认为判决所得无法完全弥补其损失，故起诉朱某 2 及中国某国际旅游公司至法院，要求二者承担连带赔偿责任。

【案件焦点】

雇主朱某 2 是否应就张某 1 因第三人侵权未获赔偿部分承担赔偿责任。

【法院裁判要旨】

北京市丰台区人民法院经审理认为：本案张某 1 受伤的侵权事实行为发生在《中华人民共和国民法典》施行前，故应适用《中华人民共和国侵权责任法》的相关规定。提供劳务一方因劳务自己受到损害的，根据双方各自的过错承担相应的责任。张某 1 请求朱某 2 承担责任，须建立在接受劳务一方的朱某 2 存在过错以及提供劳务一方的张某 1 其侵权损害未被填平的基础上。本案中，张某 1 受伤的“某修理厂”并非朱某 2 指定的修理厂，其因掉入旁边一侧的修理沟受伤，已发生法律效力的一审民事判决认定张某 1 对受伤自身存有过错，确认其过错比例为 40%，现有证据不足以认定朱某 2 对张某 1 的受伤事实存在过错，故张某 1 在其自身过错范围内要求朱某 2 继续承担该 40% 的赔偿责任，缺乏法律依据，法院难以支持；其要求中国某国际旅游公司承担连带责任，亦依据不足，法院不予支持。

北京市丰台区人民法院依照《中华人民共和国侵权责任法》第三十五条，《中华人民共和国民事诉讼法》第六十七条，《最高人民法院关于适用〈中华人民共和国民法典〉时间效力的若干规定》第一条之规定，判决驳回张某 1 的诉讼请求。

张某 1 不服一审判决，提出上诉。

北京市第二中级人民法院同意一审法院裁判意见，判决：驳回上诉，维持原判。

【法官后语】

本案暗含的雇主责任与第三人侵权责任竞合的问题值得重视，在实践中，有些法院会根据损失填平原则支持雇员要求雇主赔偿的请求，有些法院则认为第三人承担的是终局责任，既然雇员方已经向第三人起诉获得赔偿，就不能再向雇主方要求补充赔偿。这表明目前我国劳务关系中第三人侵权案件的诉讼程序与责任承担存在较大分歧，因此，如何在审判中解决雇主责任与第三人侵权责任竞合的问题，是本案要讨论的重点。

一、雇主责任与第三人侵权责任竞合的理论基础

在雇佣关系中，雇员在从事工作期间人身受到第三人的不法侵害，雇员可以要求侵权第三人承担责任，也可以要求雇主承担责任，一个行为构成了两种责任的冲突，即构成第三人侵权责任与雇主责任的竞合。雇主的补偿责任与第三人责任之间构成不真正连带责任。

二、雇主责任与第三人侵权责任竞合造成分歧的原因

目前我国对于雇主责任和第三人侵权责任竞合的诉讼程序并未明确，对于雇员该如何行使诉讼的选择权也没有具体的规定，理论学说繁多，诉讼程序不统一。这种统一诉讼程序的缺失可能会导致司法实体裁判的不统一，进而影响到雇主向第三人行使追索权的条件和范围不明确。

三、雇主责任与第三人侵权责任竞合问题的审理思路

1. 在诉讼程序方面。实践中雇员能否择一行使诉权，属于争议焦点，因为若雇员可向各方求偿，则容易陷入重复救济的困局，有违“损失填平”原则。因此，在实践中应当以择一起诉为原则，以分别起诉或共同起诉为例外。但是择一起诉的前提是在雇主无过错、第三人为终局责任人的基础上。雇主本身有过错的，雇员已择一起诉并且有生效判决的情况下，可以分别起诉。雇员可以向法院共同起诉，但是法院应当行使释明权，在诉讼阶段向雇员释明责任主体，由雇员择一确定承担责任的对象。如果雇员经法院释明仍不变更诉讼请求的，法院应当在查明各方主体过错程度的基础上，判令雇主承担责任，避免雇员及第三人再次向雇主主张过错责任。在本案中，雇员张某1提起了向第三人郭某

3 的诉讼后，又向北京市丰台区人民法院提起对雇主朱某 2 的诉讼是合理的。

2. 在责任承担方面。雇员和雇主均无过错的前提下，第三人有权作为终局责任人承担全部赔偿责任。雇员有权请求第三人承担侵权责任，也有权请求雇主给予补偿，雇主承担补偿责任之后，有权向第三人进行追偿；雇员无过错，雇主有过错的前提下，雇主承担过错责任以及与第三人不真正连带责任中对雇员的补偿责任。雇员要求第三人承担赔偿责任以后，若未能完全受偿，可再起诉雇主承担相应的过错责任，雇主不能以过错责任部分向第三人追偿；雇员有过错的前提下，若是雇员故意造成损害，则雇主和第三人无需承担责任，若雇员有一定的过失，则第三人的侵权责任和雇主的补偿责任相应减轻。在本案中，某修理厂并非朱某 2 指定的修理厂，张某 1 的受伤也并非朱某 2 能够预见到的情况，雇主朱某 2 没有过错，不需要承担责任。

综上所述，在雇主责任和第三人侵权责任竞合的情况下，首先，要分情况判断雇员行使权利的选择权，来判断雇员的起诉是否适格。其次，要根据证据和查明的事实判断双方的过错程度，根据过错程度判断责任比例的承担。

编写人：北京市丰台区人民法院　郑睿

27

实际经营者与名义经营者对提供劳务者受害的责任承担

——龙某诉邱甲、邱乙提供劳务者受害责任案

【案件基本信息】

1. 裁判书字号

湖南省涟源市人民法院（2022）湘 1382 民初 60 号民事判决书

2. 案由：提供劳务者受害责任纠纷

3. 当事人

原告：龙某

被告：邱甲、邱乙

【基本案情】

涟源市某镇某新型墙体材料厂原成立于2017年7月25日，经营者为邱某1，于2020年8月19日被注销。同日，邱乙在市场监督管理局重新申请登记成立涟源市某镇某新型材料厂，企业类型为个体工商户。邱甲为某新型材料厂实际经营者。龙某于2017年起在邱某1经营的某新型材料厂从事机修工作。后邱甲继续雇请龙某在邱乙经营的某新型材料厂从事机修工作，双方未签订书面合同，未约定固定工资，亦未购买工伤保险。2021年4月3日10时许，由于某新型材料厂工地上污水池上面的预制板突然断裂，导致在该污水池预制板上作业的龙某掉落到池里而被破碎机砸伤。龙某受伤后由邱甲等人送至甲市中心医院、乙市中心医院等进行治疗，共计94天。出院后，龙某先后在医药连锁有限公司、乙市中心医院购买医药及门诊治疗。经司法鉴定所进行鉴定，龙某的损伤构成一个八级、一个十级伤残。

【案件焦点】

邱甲是否是本案适格被告。

【法院裁判要旨】

湖南省涟源市人民法院经审理认为：根据《最高人民法院关于适用〈中华人民共和国民事诉讼法〉的解释》第五十九条之规定："在诉讼中，个体工商户以营业执照上登记的经营者为当事人。有字号的，以营业执照上登记的字号为当事人，但应同时注明该字号经营者的基本信息。营业执照上登记的经营者与实际经营者不一致的，以登记的经营者和实际经营者为共同诉讼人。"本案中，某新型材料厂系个体工商户，营业执照上登记的经营者为邱乙，实际经营者为邱甲，故邱乙、邱甲依法应为本案的共同被告。邱甲提出其只是某新型材料厂的财务，不是本案适格被告，应由某新型材料厂赔偿龙某的损失的辩解意见，其理由不成立，法院不予采信。邱甲提出如果龙某要求其、邱乙赔偿龙某的损失，那么其要求龙某将某新型材料厂其他实际经营者邱某红、邱丙追加为被告来共同赔偿龙某的损失的辩解意见，因其未向法院提供证据证明某新型材料厂存在其他实际经营者邱某红、邱丙，且又不确定申请追加邱某红、邱丙为本案被告，故对邱甲的该辩解意见法院亦不予采信。依据有关法律规定，龙某与邱乙、邱甲之间形成劳务关系，提供劳务一方因劳务受到损害的，根据双方各自的过错承担相应的责任。邱乙、邱甲作为龙某的雇主，没有为龙某提供安全的作业环境，是导致龙某伤害事故发生的主要原因，存在重大过错，应承担主要责任。龙某作为机修人员，在机修作业过程中缺乏安全防范意识，在没有采取任何安全防范措施情况下因意外坠落造成自身受到伤害，也有一定的过错，亦应承担相应的责任。法院综合本案实际情况，酌定由龙某承担10%的赔偿责任，由邱乙、邱甲共同承担90%的赔偿责任。根据龙某主张的赔偿标准及对其提交的证据的审核，其在本案纠纷中的各项合理损失确定医疗费、残疾赔偿金、误工费、护理费、住院伙食补助费、司法鉴定费、交通费、精神损害抚慰金546507.72元。综上，邱乙、邱甲应赔偿龙某的合理经济损失491856.95元（546507.72元×90%），龙某的其余经济损失由龙某承担。邱甲垫付的医疗费124943.24元予以扣抵其应付龙某的赔偿款。

湖南省涟源市人民法院依照《中华人民共和国民法典》第五十六条、第一千一百六十五条、第一千一百七十三条、第一千一百七十九条、第一千一百八十三条、第一千一百九十二条，《最高人民法院关于审理人身损害赔偿案件适用法律若干问题的解释》第六条、第七条、第八条、第九条、第十条、第十一条、第十二条、第十六条、第十七条、第二十二条，《最高人民法院关于适用〈中华人民共和国民事诉讼法〉的解释》第五十九条、第九十条，《中华人民共和国民事诉讼法》第一百四十七条之规定，判决如下：

龙某因伤造成的经济损失共计546507.72元，由邱乙、邱甲于本判决生效之日起十日内赔偿龙某经济损失491856.95元（含邱甲已付的医疗费124943.24元），其余经济损失由龙某自负。

判决作出后，当事人未上诉，判决已经发生法律效力。

【法官后语】

本案涉及的是个体工商户雇请他人从事活动产生损害的情形。本案中，个体工商户的实际经营者和登记经营者不同，雇工是由实际经营者雇请，根据《最高人民法院关于适用〈中华人民共和国民事诉讼法〉的解释》第五十九条“在诉讼中，个体工商户以营业执照上登记的经营者为当事人。有字号的，以营业执照上登记的字号为当事人，但应同时注明该字号经营者的基本信息。营业执照上登记的经营者与实际经营者不一致的，以登记的经营者和实际经营者为共同诉讼人”之规定，本案中，龙某系由邱甲雇请，并由邱甲向其发放工资款项，故邱甲作为该个体工商户的实际经营者，应当与登记经营者邱乙一同为本案的被告。

根据《最高人民法院关于适用〈中华人民共和国民事诉讼法〉的解释》第五十九条第二款的规定，本条款只是解决个体工商户案件当事人诉讼地位如何列明的问题，而由谁承担民事责任还需要结合证据对案件进行审理才能确定。提供劳务者受害责任纠纷的一般归责原则为：提供劳务一方因劳务自己受到损害的，根据双方各自的过错承担相应的责任。在双方当事人之间存在劳务关系的前提下，提供劳务一方自身受到损害的，还需要满足损害发生的原因是基于劳务行为产生的限制条件。对接受劳务者而言作为义务主要包括以下方面：(1) 提供安全的劳动场所及劳动工具、设备等；(2) 制定防范和防止危险发生的安全措施；(3) 接受劳务者对提供劳务者是否遵守安全防范措施进行必要的监督执行，如提供劳务者发生不遵守的情况有必要对其人身安全进行提醒，对违规或不当行为及时进行制止和纠正，以免发生意外情况；(4) 对提供劳务者进行必要的劳务作业技能和防范劳务风险方面的培训。不同的劳务作业要求的作为义务不完全相同，这需要结合具体的劳务种类和案情进行分析。如果接受劳务者没有尽到相应的作为义务，则可认定其有过错，应承担赔偿责任。对提供劳务者而言，其受到伤害一般也不会积极追求，希望发生这种损害，因此，其过错一般也是过失。即提供劳务者作为完全民事行为能力人应当在工作时对工作环境、工作条件及自身安全等方面有充分的认识，并有一定的防范能力，如果其在劳动过程中受伤，就可以认为其没有充分注意到自身安全方面的注意义务，从而认定其有过错并承担相应的责任。对提供劳务者过错的认定要回归到对过错认识的客观规律上来，如果提供劳务者在劳务活动中对安全的注意、防范程度低于一般人所应达到的注意、防范程度，对劳动场所、劳动安全条件的默认或放弃，对行为方式的选择，客观上可能会增加或扩大自身发生伤害事故的风险，则可以认定其对损害结果的发生具有过错。如果提供劳务者已经尽到一般人或者常理下应尽到的注意、防范义务，不能对其苛求，则不能认定其有过错从而减轻接受劳务者的责任。本案中，邱乙、邱甲作为龙某的雇主，没有为龙某提供安全的作业环境，是导致龙某伤害事故发生的主要原因，存在重大过错，应承担主要责任。龙某作为机修人员，在机修作业过程中缺乏安全防范意识，在没有采取任何安全防范措施情况下因意外坠落造成自身受到伤害，也有一定的过错，亦应承担相应的责任。

编写人：湖南省娄底市中级人民法院　苏璞

湖南省涟源市人民法院　邹婷

五、赔偿协议与标准

28

超期未能工伤认定的劳动者诉请依照工伤标准评残并主张工伤赔付的不予支持

——何某诉潘某、塑料公司提供劳务者受害责任案

【案件基本信息】

1. 裁判书字号

山东省威海市中级人民法院（2022）鲁10民终2565号民事判决书

2. 案由：提供劳务者受害责任纠纷

3. 当事人

原告（上诉人）：何某

被告（上诉人）：潘某、塑料公司

【基本案情】

何某在潘某经营的塑料公司工作。2018年9月3日，何某在工作过程中受伤，潘某带领何某到医院检查为左前臂骨折。潘某以骗取车辆保险赔偿为由带领何某伪造交通事故并报警，取得道路交通事故认定书后又带领何某至医院检查并支付当日诊疗费用，后何某多次至医院复查。

伤情发生后，何某、潘某均未领取车辆保险赔偿，何某、塑料公司也均未

在法定期限内向社会保险行政部门提出工伤认定申请。何某陈述其曾于2020年向劳动部门申请工伤认定，但因超过申请时限未被受理。2021年11月17日，何某起诉，主张依照《劳动能力鉴定 职工工伤与职业病致残等级》标准进行伤残鉴定，并按照《工伤保险条例》确定赔偿责任。

【案件焦点】

1. 能否依照《劳动能力鉴定 职工工伤与职业病致残等级》标准对何某的伤残等级进行鉴定；2. 能否按照《工伤保险条例》规定标准进行赔偿。

【法院裁判要旨】

山东省威海市环翠区人民法院经审理认为：何某系在工作时导致手臂受伤的事实具有高度盖然性，对此予以确认。何某实际系受塑料公司安排进行工作，其在工作期间受伤所产生的损失，应当由塑料公司承担。关于何某认为其在为塑料公司工作期间受伤属于工伤，应当按照《劳动能力鉴定 职工工伤与职业病致残等级》标准对其伤残等级进行鉴定。法院认为，《劳动能力鉴定 职工工伤与职业病致残等级》标准的适用范围为工伤职工，但必须遵循《工伤保险条例》规定的程序，即只有先经劳动行政部门认定为工伤，才能由劳动能力鉴定委员会依据此标准进行伤残鉴定。对于经鉴定构成伤残的职工，可依据《工伤保险条例》的相关规定要求用人单位支付工伤保险待遇。何某主张与塑料公司系劳动关系，并在劳动过程中受伤，但在伤情发生后，何某及塑料公司均未在法定期限内及时申报工伤认定，导致劳动行政部门无法对何某进行工伤认定。而法院在民事诉讼中不能对工伤作出认定，也无权委托劳动行政主管部门进行工伤认定，故何某已经无法依据《工伤保险条例》向塑料公司请求支付工伤保险待遇，但其可以按照提供劳务者受害责任法律关系主张权利。本案中，何某亦是按照一般人身损害赔偿项目要求潘某与塑料公司承担侵权责任，故应当按照《人体损伤致残程度分级》标准对何某的伤残等级进行鉴定。

山东省威海市环翠区人民法院依照《最高人民法院关于适用〈中华人民共和国民法典〉时间效力的若干规定》第一条第二款，《中华人民共和国民法总则》第九十八条，《中华人民共和国侵权责任法》第十五条、第十六条、第三十五条，《中华人民共和国民事诉讼法》第六十七条，《最高人民法院关于适用〈中华人民共和国民事诉讼法〉的解释》第九十一条、第一百零八条规定，判决如下：

一、塑料公司于本判决生效后十日内赔偿何某医疗费2693.67元、误工费22800元、护理费1920元、营养费1800元、交通费300元，共计29513.67元；

二、驳回何某的其他诉讼请求。

双方均不服一审判决，提起上诉。

山东省威海市中级人民法院经审理认为：《劳动能力鉴定 职工工伤与职业病致残等级》及《工伤保险条例》适用的前提是受伤人员与用人单位成立事实上的劳动关系，并经社会保险行政部门认定为工伤。法院无权在诉讼中受理工伤认定申请，亦无权作出工伤认定，故何某虽系为塑料公司提供劳务期间受伤，但已无权依据前述规定向塑料公司主张工伤赔付。一审判决认定事实清楚，适用法律正确，应予维持。

山东省威海市中级人民法院依照《中华人民共和国民事诉讼法》第一百七十七条第一款第一项规定，判决如下：

驳回上诉，维持原判。

【法官后语】

本案主要涉及超出法定的申请时限未能进行工伤认定的劳动者能否在民事诉讼中向人民法院申请依照《劳动能力鉴定 职工工伤与职业病致残等级》标准进行鉴定，并主张用人单位按照《工伤保险条例》规定标准进行赔偿的问题。

无论是劳动关系还是劳务关系，劳动者或者雇员均可能会在工作期间遭受人身损害。用人单位在伤情发生后消极处理，以及劳动者因不熟悉工伤认定申请时限等原因，容易发生因超出法定的申请时限无法申请认定工伤的情形，导致劳动者权益受损，但劳动者仍有要求用人单位进行人身损害赔偿的权利。劳务关系中的用工单位与雇员间亦如此，该类案件在审判实践中并不鲜见。因此，当劳动者在申请工伤认定无果转向民事诉讼寻求救济时，对伤残鉴定标准的选择以及赔偿标准的确定，应当根据以下审判思路予以正确把握。

首先，根据《工伤保险条例》第十七条、《工伤认定办法》第五条的规定，用人单位未在规定的时限内提出工伤认定申请的，受伤害职工或者其近亲属、工会组织在事故伤害发生之日或者被诊断、鉴定为职业病之日起1年内，可以向用人单位所在地统筹地区社会保险行政部门提出工伤认定申请。工伤认定存在申请时限，若超出申请期限则社会保险行政部门将不予受理，无法认定工伤则劳动者无法享受工伤保险待遇。工伤待遇请求权是劳动者发生工伤后向社会保险机构请求工伤保险待遇的请求权，属于劳动法领域的请求权，其目的在于保障职工获得医疗救治和经济补偿，促进工伤预防和职业康复，分散用人单位的工伤风险。法律对于劳动者权益当然要大力保护，但法律制度存在合理边界。在行政法已经设定由劳动行政部门进行工伤认定并由劳动能力鉴定委员进行劳动能力鉴定的情形下，法院无法在民事诉讼中行使行政权力，也即法院无权在民事诉讼中受理工伤认定申请，亦无权作出工伤认定并进行劳动能力鉴定，否则极易导致行政法规的失范和司法对于行政权力的僭越。

其次，关于伤残鉴定标准，有《劳动能力鉴定 职工工伤与职业病致残等级》和《人体损伤致残程度分级》两种标准。工伤认定中的劳动能力鉴定，是由劳动能力鉴定委员会按照《劳动能力鉴定 职工工伤与职业病致残等级》标准，对因工负伤或患职业病的劳动者进行的劳动功能障碍程度和生活自理障碍程度的等级鉴定，更注重对劳动能力的影响，其适用范围为工伤职工，需先经劳动行政部门认定为工伤，才能由劳动能力鉴定委员会依据此标准进行伤残鉴定，一般的鉴定机构并无鉴定资质。而《人体损伤致残程度分级》标准则更关注对人体组织器官的结构破坏或者功能障碍，用于人身损害致残程度等级鉴定，可以在民事诉讼的鉴定活动中加以适用。劳动者对于《劳动能力鉴定 职工工伤与职业病致残等级》标准较《人体损伤致残程度分级》标准更为宽泛故适用前者可获得更多赔偿的认知。但在劳动者未被认定工伤以及法院无权作出或者委托劳动行政主管部门进行工伤认定的情况下，法院无法支持依照《劳动能力

鉴定 职工工伤与职业病致残等级》标准进行伤残鉴定的主张。因此，劳动者主张其在工作中受伤提起诉讼主张损害赔偿的，人民法院委托鉴定时应当适用《人体损伤致残程度分级》标准确认劳动者的伤残等级。

最后，因劳动者在民事诉讼中无法主张依照《劳动能力鉴定 职工工伤与职业病致残等级》标准进行伤残程度鉴定，当劳动者未能被劳动行政部门认定为工伤，亦未由劳动能力鉴定委员会进行伤残鉴定时，劳动者主张按照《工伤保险条例》规定确定赔偿数额以及享受工伤待遇缺乏依据。故对于超期未能进行工伤认定的劳动者在民事诉讼中主张用人单位进行工伤赔付的诉讼请求，人民法院应当不予支持。本案何某即此情形。

综上，因工作遭受人身损害的劳动者或雇员尽管因某些原因未能在法定期限内向劳动行政部门申请工伤认定，但其人身损害赔偿请求权并未消灭，仍保有通过提起民事诉讼向用人单位主张人身损害赔偿的权利。劳动者或雇员可以通过提供劳务者受害责任纠纷之诉申请法院依照《人体损伤致残程度分级》标准评定其伤残等级，并要求用人单位按照《最高人民法院关于审理人身损害赔偿案件适用法律若干问题的解释》承担民事赔偿责任。

编写人：山东省威海市环翠区人民法院　陶乐乐　李兆钰

29

雇主为雇员购买意外险，能否抵扣雇主责任

——赵某1诉张某2等提供劳务者受害责任案

【案件基本信息】

1. 裁判书字号

河北省邯郸市峰峰矿区人民法院（2021）冀0406民初1187号民事判决书

2. 案由：提供劳务者受害责任纠纷

3. 当事人

原告：赵某 1

被告：张某 2、柴某、某运输公司、中国某保险股份有限公司河北省分公司（以下简称某保险公司河北分公司）

【基本案情】

2019 年 4 月 7 日 16 时 21 分许，赵某 1 驾驶冀 DT××× （冀 D×××挂） 号欧曼牌重型半挂牵引车，沿京港澳高速东半幅由南向北行驶至 652 公里+900 米处时，与贾某 3 驾驶的豫 EY××0 号浦沅牌重型非载货专业作业车碰撞，后冀 DT×××（冀 D×××挂） 号车碰撞高速公路右侧护栏，造成赵某 1 受伤，两车及路产设施不同程度损坏的道路交通事故。经省公安厅高速公路交通警察总队八支队认定，赵某 1 未按操作规范安全驾驶机动车辆，是造成事故的主要原因，承担事故的主要责任，贾某 3 在高速公路上低于规定最低车速行驶，是造成事故的次要原因，承担事故的次要责任。

2020 年 8 月 28 日，司法鉴定中心出具司法鉴定意见书认定，赵某 1 颅脑损伤致四肢瘫痪的伤残程度为五级；其腹部损伤的伤残程度为九级。

2020 年 11 月 16 日，河南省内黄县人民法院作出一审民事判决，认定赵某 1 因此次交通事故遭受的损失如下：医疗费 408531.03 元、院外购药 71270.80 元、住宿费 2255 元、误工费 176540 元、护理费 226497.92 元、住院伙食补助费 6900 元、营养费 14600 元、残疾赔偿金 443151.20 元、被扶养人生活费 218391.90 元、鉴定费 3100 元、交通费 1600 元、精神抚慰金 12000 元，共计 1584837.85 元。扣除中某保险股份有限公司杞县营销服务部支付的 10000 元医疗费和垫付的救助基金 22020.12 元，依据事故责任由贾某 3 按照 30%的比例赔偿赵某 1 的损失，判决如下：1. 限本判决生效后十日内，中某保险股份有限公司杞县营销服务部赔偿赵某 1 物质及精神性损失共计 87989.88 元；2. 限本判决生效后十日内，贾某 3 赔偿赵某 1 物质损失共计 439451.35 元；3. 驳回赵某 1 本次起诉的其他诉讼请求。该判决已生效。

2018 年 12 月 20 日，甲方（出卖方）某运输公司、乙方（购买方）张某

2、丙方（担保方）柴某签订《分期付款合同》，约定冀DT×××（冀D×××挂）号欧曼牌重型半挂牵引车辆总价款347000元，首付款104000元，余款243000元在2018年12月20日至2020年12月20日，分24期偿还。冀DT×××（冀D×××挂）号欧曼牌重型半挂牵引车辆登记车主为某运输公司。

2019年1月8日，投保人张某2向某保险公司河北分公司投保了某团体意外伤害保险（A款）（2017版），保险限额为50万元/人，附加险为附加某交通团体意外费用补偿医疗保险（2017版），保险限额为5万元。附加某交通团体意外住院定额给付医疗保险（2017版），定额给付标准为150元/日，累计给付日数以180日为限。投保人某运输公司向某集团股份有限公司投保了车上人员险，保险限额为10万元/人。事故发生后，某保险公司河北分公司已向赵某1支付意外伤害险理赔款40万元，意外费用补偿医疗险理赔款5万元，住院定额给付医疗保险理赔款20700元。某集团股份有限公司已向赵某1支付车上人员险理赔款10万元。

另查明，赵某1具有经营性道路货物运输驾驶员资格，受张某2、柴某雇佣从事货车司机工作。张某2和柴某分别出资50%共同购买冀DT×××（冀D×××挂）号欧曼牌重型半挂牵引车。事故发生后，张某2和柴某为赵某1垫付医疗费共计12470元。

【案件焦点】

1. 某保险公司河北分公司是否足额赔偿赵某1意外伤害伤残保险金的问题；2. 赵某1与张某2、柴某之间因提供劳务产生损害赔偿责任的认定问题；3. 雇主[①]张某2、柴某为雇员赵某1购买意外险，能够抵扣雇主责任的问题。

---

① 本文所指的“雇主”与“雇员”，仅包括《中华人民共和国民法典》规定的提供劳务一方与接受劳务一方，不包括《工伤保险条例》规定的用人单位与职工，在实践中，有部分用工主体仅为雇员投保人身意外保险而未参加工伤保险，以期用更小的成本来处理雇员人身损害赔偿问题不在此文分析之列。

【法院裁判要旨】

河北省邯郸市峰峰矿区人民法院经审理认为：劳务关系是指劳动者和用工者根据口头或书面约定，由劳动者向用工者提供一次性的或者特定的劳动服务，用工者依约向劳动者支付劳动报酬的一种有偿服务的法律关系。本案中，赵某1受张某2和柴某雇佣作为货车司机在驾驶车辆过程中发生交通事故，故赵某1与张某2、柴某之间存在劳务关系。且某运输公司与张某2之间签订了分期付款买卖合同，某运输公司系事故车辆的登记车主，张某2、柴某系事故车辆的实际车主，故应由张某2、柴某赔偿赵某1的损失。

1. 关于某保险公司河北分公司是否足额赔偿赵某1意外伤害伤残保险金的问题。该交通团体意外伤害保险合同条款第五条保险责任规定："……被保险人因同一意外伤害造成一项以上身体伤残时，本公司给付对应伤残赔偿金之和……"本案中，赵某1损伤为五级伤残一处、九级伤残一处，意外伤害伤残保险金为400000元（500000×60%+500000×20%），故某保险公司河北分公司已足额赔偿赵某1意外伤害伤残保险金。

2. 关于赵某1与张某2、柴某之间因提供劳务产生损害赔偿责任的认定问题。本案中赵某1的全部损失为1584837.85元，扣除中某保险股份有限公司杞县营销服务部已赔偿赵某1的12万元和贾某3赔偿赵某1的439451.35元，还剩1025386.5元。关于本案责任认定，根据《最高人民法院关于适用〈中华人民共和国民法典〉时间效力的若干规定》第一条第二款"民法典施行前的法律事实引起的民事纠纷案件，适用当时的法律、司法解释的规定，但是法律、司法解释另有规定的除外"的规定，本案发生于《中华人民共和国民法典》实施之前，应适用当时的法律规定。按照《中华人民共和国侵权责任法》第三十五条之规定，个人之间形成劳务损害的，根据双方各自的过错承担相应的责任。赵某1与张某2和柴某之间具有劳务关系。赵某1作为完全民事行为能力人，理应具有相当的安全工作意识，其在工作中未尽到谨慎注意义务，自身存在过错，应承担相应责任。张某2和柴某作为用工一方，负有监督安全工作的义务，对赵某1的损害具有一定的过错，应当承担相应的责任。综合考虑全案情况，对于赵某1的损失，法院酌定赵某1承担20%的责任，张某2和柴某共同承担80%的责任，即820309.2元（1025386.5元×80%）。扣除某保险公司河北分公司已向赵某1理赔款470700元，某集团股份有限公司已向赵某1支付理赔款10万元以及张某2和柴某为赵某1垫付医疗费12470元，张某2和柴某还应向原告赵某1连带赔偿237139.2元。

河北省邯郸市峰峰矿区人民法院依据《中华人民共和国侵权责任法》第八条、第三十五条，《最高人民法院关于适用〈中华人民共和国民法典〉时间效力的若干规定》第一条第二款，《中华人民共和国民事诉讼法》第六十七条之规定，作出如下判决：

一、张某2、柴某于本判决生效日起十日内连带赔偿赵某1各项损失237139.2元；

二、驳回赵某1的其他诉讼请求。

宣判后，各方当事人均表示服判息诉，该判决已生效。

【法官后语】

近年来，随着经济的多元化发展，自然人与自然人之间形成的劳务关系大幅攀升，因雇员在提供劳务过程中受害产生的纠纷亦是呈现出剧烈增长的态势。那么，在雇主为雇员购买意外险的情况下，能否抵扣雇主责任？

在目前审判实务中，有两种截然相反的观点。否定说认为，雇员请求保险公司支付保险金，与雇员请求雇主就其人身损害承担民事责任，系基于不同的法律关系。领受保险金系雇员作为保险合同受益人本应享有的权利，雇员领受保险金后并不影响其就人身损害提出赔偿，且雇主为雇员投保人身意外险，虽有分散自身风险的目的，但因该保险的性质及功能区别于工伤保险及雇主责任险，故雇主不得因雇员领取保险金而免予承担相应的民事责任。肯定说认为，因雇主为雇员购买意外险的目的是分担风险责任，雇主作为投保人及保费支付者，理应享有以保险金抵偿赔偿款的利益。同时，雇员在领取保险金后，其所遭受的损失已得到相应填补，此时免除雇主相应责任并不会损害雇员利益。

笔者认为，为减轻或分散雇佣活动中的用工风险，经雇员同意（宜作扩大解释)，雇主为雇员投保团体人身意外伤害险，发生事故后，雇员基于保险合同所获得的理赔可以相应冲抵雇主本该承担的雇主责任。理由如下：

从法理上讲，雇主为雇员投保的意外险合同是一种典型的赋权型“为第三人利益合同”，即“当事人一方，约定他方向第三人给付，第三人因之取得直接请求给付之契约”。团体人身意外伤害险属于商业人身保险范畴，保险合同利益依法归被保险人雇员或其近亲属所有毋庸置疑，但是雇员非保险合同当事人，合同当事人是投保人与保险人，而雇主作为投保人，虽负有缴纳保费的义务，却不能直接享受保险合同利益，有悖于权责统一的原则，因此，雇主为雇员购买意外险，抵扣雇主责任具有正当性。而且提供劳务者受害责任纠纷属于侵权纠纷，填补损害是宗旨，故根据补偿原则，无论从哪种渠道获取救济，对于受害人雇员而言，只要能够弥补损失即可，这就为雇主出资替雇员购买商业保险转嫁用工风险提供了契机和主动性。与雇主责任险相比，尽管雇主不是案涉保险合同利益的直接享有者即被保险人，无权以自己的名义直接请求给付保险金，但是并不妨碍其从保险合同利益直接享有者的雇员之获益行为中间接受益，即相应免除自己本该对雇员承担的赔偿责任。从经济学角度评判，可谓“双赢”，不仅分担了雇主责任，还保障了雇员利益。

从现实状况看，大多数雇主作为自然人，在购买保险过程中，可能基于法律知识的欠缺，不知雇主责任险和意外险的区别，或者由于保费差距的考量，受趋利避害心理的影响购买了意外险。在审判实践中，如果简单地仅从“法律关系独立说”“福利或额外保护说”的角度对抵扣雇主责任予以否定，不仅打击了雇主购买保险的积极性，而且也不利于判决的履行，从而使雇员的损失客观上得不到充分的赔偿。在审判实践中，提供劳务受害者责任纠纷普遍存在金额较大的特点，作为自然人的雇主往往无力足额赔偿。而且，与现实中大量不购买保险的雇主相比，购买意外险的雇主往往更能让雇员的损失及时得以弥补，因此，司法实践中对雇主为雇员购买意外险，采取抵扣雇主责任的肯定态度，无论是法律效果还是社会效果方面，都具有正向的引导作用。

在司法实践中，经雇员同意的认定，也宜作扩大解释。比如，雇员领受保险金的，应视为其同意雇主以保险金代替赔偿款。利他合同虽无需经第三人同意即可成立，但对于是否行使利他合同所设定的权利，仍由第三人决定。如第三人行使该权利，接受债务人履行债务的，则债权人对第三人所负债务在相应范围内消灭。如第三人拒绝行使该权利，则债权人仍应按照原法律关系向第三人履行债务。在雇员领受保险金前，其必然知晓该意外险系由雇主为其投保，雇主亦会提出以保险公司支付的保险金抵扣赔偿款。此时，如雇员仍选择领受保险金，则应认定其同意雇主以保险金代替赔偿款。

编写人：河北省邯郸市中级人民法院　李样辉

30

雇主替员工购买的人身意外保险赔偿金应抵扣雇主赔偿责任

——刘某1诉王某2提供劳务者受害责任案

【案件基本信息】

1. 裁判书字号

浙江省台州市中级人民法院（2021）浙10民终923号民事判决书

2. 案由：提供劳务者受害责任纠纷

3. 当事人

原告（上诉人）：刘某1

被告（被上诉人）：王某2

第三人：某保险公司

【基本案情】

王某2雇佣刘某1从事木工工作多年，其间出资以刘某1名义向某保险公司投保了"吉祥无忧"庆典版人身意外伤害险。2019 年 8 月 4 日，刘某 1 在工作时不慎被电锯锯伤。刘某 1 受伤后当即送至医院住院治疗，住院治疗 18 天。2020 年 3 月 18 日，刘某 1 又入住医院，住院治疗 5 天，出院后继续门诊治疗。诉讼中，法院根据王某 2 的申请，依法委托司法鉴定中心对刘某 1 的伤残等级、误工期、护理期和营养期进行重新评定。2020 年 10 月 23 日，司法鉴定中心出具鉴定意见书一份，评定：刘某 1 伤情构成人体损伤九级伤残；误工期限 7 个月、护理期限 3 个月、营养期限 2 个月基本合理。事发后，王某 2 垫付了刘某 1 医疗费用 40263.19 元，某保险公司按约向刘某 1 支付了保险赔偿金 92300 元。

刘某 1 因本次事故造成的各项损失，法院根据有关法律法规，结合本案实际情况，认定医疗费、住院伙食补助费、营养费、护理费、误工费、残疾赔偿金、鉴定费、交通费等各项损失合计 246720.74 元。

【案件焦点】

刘某 1 已从某保险公司处获得的保险赔偿金 92300 元是否应折抵王某 2 的赔偿款。

【法院裁判要旨】

浙江省台州市黄岩区人民法院经审理认为：王某 2 作为接受劳务一方，在雇佣刘某 1 等人之初就知道或应当知道其需对刘某 1 等人提供劳务过程中受到的损害承担相应的赔偿责任，故为排除或减轻其在雇佣刘某 1 工作过程中的事故风险和将来可能发生的损害赔偿责任，自己出资为刘某 1 等人投保了人身意外伤害险，目的在于分担其风险和赔偿责任。事故发生后，刘某 1 作为被保险人据此获得相应的保险赔偿金，该保险赔偿金应当从王某 2 应承担的赔偿款金额中予以扣除，这也符合侵权责任的损失填补原则和王某 2 购买涉案保险的本意。扣除王某 2 事发后垫付刘某 1 的医疗费 40263.19 元和某保险公司向刘某 1 支付的保险赔偿金 92300 元，王某 2 还应赔偿刘某 1 各项损失 72813.40 元。

浙江省台州市黄岩区人民法院依照《中华人民共和国保险法》第三十九条、《中华人民共和国侵权责任法》第三十五条之规定，作出如下判决：

一、王某2于本判决生效之日起十日内赔偿刘某1因本次事故造成的各项损失72813.40元（不含王某2已垫付的40263.19元及刘某1已获得的保险赔偿金92300元）；

二、驳回刘某1的其他诉讼请求。

刘某1不服一审判决，提出上诉。

浙江省台州市中级人民法院经审理认为：人身意外伤害险属于商业人身保险范畴，保险合同利益依法归被保险人雇员或其近亲属所有毋庸置疑，但是雇员非保险合同当事人，合同当事人是投保人与保险人，而雇主作为投保人，虽负有缴纳保费的义务，却不能直接享受保险合同利益，由此可见，这是一种典型的赋权型“为第三人利益合同”，即“当事人一方，约定他方向第三人给付，第三人因之取得直接请求给付之契约”。因提供劳务者受害责任纠纷属于侵权纠纷，填补损害是宗旨，故根据补偿原则，无论从哪种渠道获取救济，对于受害人雇员而言，只要能够弥补损失即可，这就为雇主出资替雇员购买商业保险转嫁用工风险提供了契机。此与雇主责任险相比，尽管雇主不是案涉保险合同利益的直接享有者即被保险人，无权以自己的名义直接请求给付保险金，但是并不妨碍其从保险合同利益直接享有者的雇员之获益行为中间接受益，即相应免除自己本该对雇员承担的赔偿责任。故提供劳务关系中接受劳务一方没有购买保险的法定义务，其购买商业保险的目的就是减轻自身的赔偿责任，在提供劳务一方同意的情况下，当然可以折抵赔偿。

浙江省台州市中级人民法院依照《中华人民共和国民事诉讼法》第一百七十条第一款第一项之规定，作出如下判决：

驳回上诉，维持原判。

【法官后语】

本案是一起提供劳务者受害责任纠纷，争议焦点在于雇员因人身意外伤害险获赔的保险赔偿金能否抵扣雇主的赔偿责任。

首先，雇主作为投保人为雇员投保人身意外伤害险时，虽负有缴纳保费的义务，却不能直接享受保险合同利益，这是一种典型的赋权型“为第三人利益合同”。被告作为雇主，虽然不是案涉保险合同利益的直接享有者，无权以自己的名义根据保险合同关系直接请求保险人给付保险金，但其通过“出资为雇员投保”这一行为相应免除或抵扣自己本该对雇员承担的赔偿责任，即从保险合同利益享有者的雇员之获益行为中间接受益，这种“看似利他实际为己”的行为并不违反法律规定。

其次，提供劳务者受害责任纠纷本质上属于侵权纠纷，损失填补原则是侵权民事关系中不可动摇的规则，即以弥补受害人的损失为宗旨，如果罔顾这一原则，很可能引发道德层面的风险。此外，根据支出和回报相一致原则，保险是雇主出资购买，其缴纳保费的目的就是转嫁用工风险，不仅分担了雇主责任，还保障了雇员利益，这是一种在利益互搏过程中，寻找到的“利人又利己”的帕累托最优。涉案保险合同的保险费由被告出资，但双方并未约定这种投保是雇主额外给员工的福利，原告获得的保险赔偿金从被告赔偿责任中扣除后，不足部分仍可向被告继续要求赔偿，原告的损失能够得到充分弥补，将保险赔偿金予以抵扣并不损害原告的利益。相反，如果保险赔偿金在本案中不能扣除，那么被告就还需要按法定标准向原告全额支付另一笔赔偿款，大大加重了被告方的赔偿责任；而原告因本案事故实际获得的受偿额则远远超过了其按侵权法律关系相关法律规定应得的赔偿数额，原、被告双方的权利义务明显失衡，不符合公平原则。

最后，目前我国保险行业仍不发达，险种的设置尚无法满足实践中各种各样的细化需求，相当一部分雇主尚不能达到保险人要求的投保雇主责任险或类似功能险的条件。在此现实条件下，允许雇主通过投保保障功能相似但投保门槛较低的人身意外险来部分替代雇主责任险的功能，无论是对雇主、雇员还是保险行业来说，都是一个较优的选择。本案中，司法判决确认雇主为员工投保的意外伤害险保险金可以抵扣其对受害员工的赔偿责任，那么雇主为员工投保的积极性将极大增加，一方面，有利于雇主规避经营风险、持续良性发展；另一方面，也有利于员工意外受伤后的权益维护和保障，这无疑是一个“多赢”的局面。所以，通过投保转嫁用工风险，从而避免更大的经济损失，即“利益取得的确定之预期”，这也是本判决中希望体现出的雇主为雇员购买人身意外保险的合理正当性。

编写人：浙江省台州市黄岩区人民法院　丁毅诚　郑莎莎

31

基于同一事实的侵权法律关系和保险合同法律关系可并案处理

——喻某某诉某保险公司等提供劳务者受害责任案

【案件基本信息】

1. 裁判书字号

湖北省来凤县人民法院（2022）鄂 2827 民初 2515 号民事判决书

2. 案由：提供劳务者受害责任纠纷

3. 当事人

原告：喻某某

被告：某保险公司、杨某某、葛某某、王某某

【基本案情】

2022 年 2 月 8 日，王某某与葛某某口头约定，将王某某家房屋修建的工程承包给葛某某，随后，葛某某又以口头承包的方式将该工程的木工部分承包给杨某某，杨某某雇请了包括喻某某在内的工人进行施工。2022 年 4 月 3 日上午，喻某某在工作中，因踩断脚下方条摔下致伤，随后杨某某将喻某某送往骨科医院治疗，花去医疗费 2495.99 元。2022 年 5 月 18 日，经鉴定，鉴定意见为：1. 喻某某伤后误工期为 120 日；伤后护理期为 60 日；伤后营养期为 60 日。2. 喻某某后期行活血化瘀、通络止痛、促进骨折愈合等对症治疗的费用预计需

要人民币 3000 元。

另查明，2022 年 2 月 9 日，王某某到某保险公司就王某某私房修建及装修工程投保了建筑工程施工人员团体意外伤害保险（2019 版），保险期间为：2022 年 2 月 9 日 0 时起至 2023 年 2 月 8 日 24 时止，喻某某本次受伤事故在保险期内。喻某某住院期间产生的医疗费为 2892.99 元（包含后期复查费 397 元），其中杨某某垫付了 2300 元。

【案件焦点】

1. 某保险公司是否应依据保险合同的约定承担理赔责任；2. 各方当事人在本次事故中责任承担比例；3. 喻某某主张赔偿数额的确定。

【法院裁判要旨】

湖北省来凤县人民法院经审理认为：关于某保险公司是否应依据保险合同的约定承担理赔责任，王某某作为投保人在某保险公司为包括喻某某在内的 20 人投保了团体意外伤害保险，喻某某要求某保险公司在保险责任限额范围赔付的诉讼请求，具有事实及法律依据，法院予以支持。对某保险公司提出因本案系提供劳务者受害责任纠纷，喻某某要求保险公司赔付系保险合同纠纷，不应当在本案中一并处理，其不是本案适格主体的辩称，法院不予支持。

关于各方当事人在本次事故中责任承担比例，喻某某直接为杨某某提供劳务且在施工活动中遭受人身损害，杨某某应承担主要赔偿责任即承担 55%的赔偿责任；王某某作为修建房屋的房主，其将房屋的木工、瓦工发包给不具施工资质的葛某某，具有选任错误，王某某宜承担 15%赔偿责任；葛某某无相应资质宜承担 20%赔偿责任；喻某某对自身遭受的损害后果，宜承担 10%的责任。

关于喻某某主张赔偿数额的确定，喻某某的损失项目和数额，法院确定为 30452.99 元，根据双方各自承担的责任比例计算赔偿金额，喻某某应自负 3045.30 元，杨某某应赔偿 16749.14 元，葛某某应赔偿 6090.60 元，王某某应赔偿 4567.95 元。

另查明，本案事故发生在案涉保险期间内，王某某应赔偿喻某某 4567.95

元，由某保险公司支付。喻某某住院期间，杨某某垫付了 2300 元，杨某某应赔偿喻某某 14449.14 元。

湖北省来凤县人民法院根据《中华人民共和国民法典》第一千一百六十五条第一款、第一千一百七十三条、第一千一百九十二条，《最高人民法院关于审理人身损害赔偿案件适用法律若干问题的解释》第一条、第六条、第七条、第八条、第九条、第十条、第十一条、第二十二条，《中华人民共和国保险法》第十条、第十二条、第十八条，《中华人民共和国民事诉讼法》第六十七条第一款、第一百四十五条的规定，判决如下：

一、某保险公司赔付喻某某医疗费损失 4567.95 元；

二、杨某某赔偿喻某某各项损失 14449.14 元；

三、葛某某赔偿喻某某各项损失 6090.60 元；

四、驳回喻某某的其他诉讼请求。

该案宣判后，双方当事人均未上诉，判决已发生法律效力。

【法官后语】

提供劳务者受害责任纠纷，是指在劳务关系存在的前提下提供劳务一方因劳务受到损害，就损害赔偿责任的承担所引发的争议，具体包含个人之间的劳务关系以及个人与非个人之间的劳务关系两种类型。此类案件的审理不仅关涉提供劳务者生命健康权的救济与保护，亦涉及接受劳务方的用工风险化解与生存发展之间的平衡。提供劳务一方在提供劳务时自身受到损害，因接受劳务一方未及时赔偿提供劳务者一方所造成的损失，在提起诉讼时为保证自己的合法权益及时受到保护或赔偿，一般将接受劳务者和保险公司同时起诉。本案裁判给同类案件审理提供了有益参考。本案的关键是作为雇员的受害人能否在事故发生后，在一案中既主张保险合同纠纷，又提出提供劳务者受害责任纠纷诉求。

在审判实践中，对于提供劳务者同时起诉接受劳务者和保险公司的可以合并处理。理由如下：一是案涉不同的法律关系，所依据的侵权事实和保险事实，是基于同一事实，合并处理不仅节约诉讼成本，减轻当事人诉累，而且保险公司在提供劳务者受害责任纠纷一案更能充分地了解或知情提供劳务一方在提供劳务时受伤的事实经过、过错大小及造成损失的数额等情况。二是接受劳务的一方在保险公司投保雇主责任保险的目的就是减少自己本该对提供劳务者一方承担的赔偿数额，并通过保险的保障功能及时赔偿提供劳务者一方所造成的损失，有利于化解当事人之间的矛盾，做到案结事了。且从弘扬社会主义核心价值观角度评判，可谓“双赢”，不仅减轻了接受劳务一方的雇主赔偿责任，还保障了提供劳务一方的利益。

审理该类案件需要注意的是：一是投保雇主责任险或雇员人身意外险，实际获赔的保险金金额应在赔偿金额中予以扣除，这样既与接受劳务方分散用工风险的投保目的相一致，亦与权利人不可重复受偿的损失填平原则相符。二是团体人身意外伤害险，经检索中国裁判文书网，实务界中两种截然相反（雇员福利或转嫁用工风险）的观点，且均有生效判例予以支持。笔者认为，“谁出资，谁受益”的社会价值观，避免了雇员因雇主负担能力不足而获赔不全或不能的风险，所以应当充分尊重当事人的意思自治，准许抵扣雇主责任。保险理赔范围与侵权赔偿范围并不一致，雇员就保险合同保障范围之外未获赔偿的部分仍可向雇主继续主张。三是医保报销部分金额，《中华人民共和国社会保险法》第三十条规定：“下列医疗费用不纳入基本医疗保险基金支付范围……（二）应当由第三人负担的……”故受害人向医保部门报销的费用，若其未能在诉讼中主动退还医保部门，则宜按照实际损失进行裁判。四是精神抚慰金是对受害人的精神补偿，不宜划分责任比例。

妥善审理此类案件需要正确厘清各方主体之间的法律关系，准确认定损害赔偿责任主体与赔偿范围，依法保护各方当事人的合法权益。

编写人：湖北省来凤县人民法院　杨静波

32

借调用工关系下员工因劳务遭受损害如何赔偿

——沈某1诉某工程建设管理公司等提供劳务者受害责任案

【案件基本信息】

1. 裁判书字号

上海市第一中级人民法院（2021）沪01民终4078号民事判决书

2. 案由：提供劳务者受害责任纠纷

3. 当事人

原告（被上诉人）：沈某1

被告：某工程建设管理公司

被告（上诉人）：某建筑工程公司、某工程技术公司

【基本案情】

上海某建设工程项目由案外人某投资公司发包给某建筑工程公司负责现场施工，委托某工程技术公司承担监理任务。2017年3月23日上午，沈某1在涉案工地巡视时不慎摔入坑中，致左肩受伤。经律所委托某鉴定机构鉴定，沈某1之伤构成十级伤残。

2016年5月31日，某投资公司与某工程技术公司签订《委托监理合同》，某投资公司委托某工程技术公司承担涉案工程监理任务。2016年8月16日，某工程技术公司（甲方）与某工程建设管理公司（乙方）签订《人员借调协议》，约定甲方因涉案建设工程监理项目所需，向乙方商借相关专业监理人员；乙方同意按甲方要求出借相关专业监理人员并负责监督、考核出借人员的出勤

情况；甲方承诺承担商借乙方专业监理人员的一切工资、费用，并由乙方负责按月发放。自2016年11月起，沈某1至涉案项目工地工作。

沈某1于2011年获得上海安全监理从业人员岗位证书，退休后由某工程建设管理公司返聘，于2017年3月17日与某工程建设管理公司签订《聘用协议》，担任专业监理师。5月4日开始，沈某1不在该公司工作。10月18日，某工程建设管理公司通知其终止聘用合同。

经某工程建设管理公司申请，法院委托鉴定机构重新鉴定，沈某1之伤被认定未达等级伤残。经因果关系鉴定，认定沈某1左肩袖损伤与2017年3月23日外伤之间存在因果关系，外伤系主要原因。

审理中，涉案项目总监代表张某某、土建人员费某某及安全监理毛某就原告受伤等事实出庭作证。经某工程建设管理公司申请，法院依法追加某建筑工程公司、某工程技术公司为本案共同被告。

【案件焦点】

1. 沈某1受伤之事实是否真实存在；2. 承担赔偿责任的雇主如何确定；3. 相关责任如何承担。

【法院裁判要旨】

上海市浦东新区人民法院经审理认为：首先，虽然被告方否认沈某1受伤系在涉案工地上发生，但沈某1提供的证人证言与沈某1陈述能相互印证，故法院对该事实予以认定。其次，沈某1与某工程建设管理公司签订了《聘用协议》，工资由某工程建设管理公司发放，故沈某1系某工程建设管理公司的工作人员。后某工程建设管理公司与某工程技术公司签订了《人员借调协议》，某工程技术公司作为工程监理方，借用沈某1在涉案工地从事安全监理工作，沈某1受伤时即在执行某工程技术公司的工作任务。某工程技术公司对沈某1进行现场实际管理与考勤，沈某1实际受某工程技术公司的控制、指挥和监督。因此，应当由某工程技术公司承担赔偿责任。最后，事发工地存在较大基坑，对于现场人员具有较强的危险性，而现场并无一定的安全措施，某建筑工程公司作为施工方未对施工现场尽到安全保障义务，存在一定的过错。沈某 1 具有长期从事安全监理工作的经验，对于自身安全事项应尽更高的注意义务；且其对涉案工地较为熟悉，事发当日有微雨，工地湿滑的可能性较大，故其在巡视时应更为谨慎。因此，沈某 1 对自身损伤亦存在一定过错。综合本案实际情况及双方过错程度等因素，法院酌定对于沈某 1 损失，某工程技术公司承担 35%的赔偿责任，某建筑工程公司承担 35%的赔偿责任，沈某 1 自行承担 30%的责任。

上海市浦东新区人民法院依照《中华人民共和国侵权责任法》第六条第一款、第十六条、第十九条、第二十六条，《最高人民法院关于审理人身损害赔偿案件适用法律若干问题的解释》第十一条第一款的规定，判决如下：

一、某建筑工程公司于本判决生效之日起十日内赔偿沈某 1 各项损失共计 13170.45 元；

二、某工程技术公司于本判决生效之日起十日内赔偿沈某 1 各项损失共计 13170.45 元；

三、驳回沈某 1 的其余诉讼请求。

某建筑工程公司、某工程技术公司不服一审判决，提起上诉。

上海市第一中级人民法院同意一审法院裁判意见，判决：驳回上诉、维持原判。

【法官后语】

随着市场经济深入发展，许多新型用工形式应运而生，借调用工便是其中之一。作为劳动力资源优化配置的一种灵活用工方式，借调用工及演变的共享员工模式发挥了积极效应。借调用工框架下存在较为复杂的法律关系，借调员工在借调期间遭受人身损害的，赔偿责任如何划分，构成侵权纠纷案件的司法实践难点。

一、借调用工框架下法律关系的特点及性质认定

借调关系是指雇主基于契约或其他关系，将其雇员借与他人使用的情形。其特点在于：一是涉及出借方、借调方与借调员工三方主体，有别于传统雇佣

关系雇主与雇员两方主体；二是出借方对借调员工的雇佣劳动与借调方对借调员工的使用劳动发生暂时性分离；三是借调方与借调员工之间通常不存在雇佣合同。借调员工存在出借方与借调方两位“雇主”，而借调员工的劳动及报酬只有一份，出借方与借调方分别享有雇主的部分权利、承担部分义务。借调关系与劳务派遣最相似，但存在实质性区别，劳务派遣是法定的用工方式，在劳务派遣单位的设立条件、用工范围与用工比例等方面存在限制。二者最主要的区别在于考量是否属于“经营劳务派遣业务”，即是否长期稳定地以此谋取经济利益。

二、借调用工关系下提供劳务者受害责任主体的认定

根据《工伤保险条例》规定，此类情形由原用人单位承担工伤保险责任。在实践中，大量存在出借方和借调员工之间不构成劳动关系的情形。借调员工只能主张民法上的侵权责任，而我国侵权法领域对于借调关系并无专门规定，《中华人民共和国民法典》实施前主要依据2020年修订前的《最高人民法院关于审理人身损害赔偿案件适用法律若干问题的解释》（法释〔2003〕20号，以下简称《人身损害赔偿司法解释》）第十一条规定。司法实践中，借调关系下如何确定“雇主”，主要有三种判断标准：一是“雇佣合同”标准，认定与借调员工签订雇佣合同的一方即为雇主；二是“实际控制+实际利益”综合标准，认定损害发生时对借调员工进行实际控制且因此受益的一方承担责任；三是“共同责任”标准，由出借方与借调方承担连带责任。笔者认为可区分控制权性质，并结合“综合标准”确立雇主认定路径。出借方、借调方对于借调员工存在一般性控制与特殊性控制。如果借调员工受伤是基于一般性行为，出借方的一般控制权起了关键作用且因此受益，则由出借方作为雇主承担责任。如果借调员工受伤是基于借调方的特别指示，根据借调方的指挥监督提供劳务，遵守借调单位的规章制度，借调方对于借调员工的控制起了关键作用且因此受益，则由借调方作为雇主承担责任。结合本案，沈某1提供劳务是在借调方管理下进行，受伤是因现场存在未有相应防护设施的基坑，提供安全的工作环境理应是借调方的义务。沈某1从事劳务主要是为增进借调方的利益，出借方并不能

额外获利。因此，应由某工程技术公司作为雇主承担责任。《中华人民共和国民法典》实施后，虽然新《人身损害赔偿司法解释》删去了原第十一条规定，但笔者认为，在新司法解释出台前上述裁判思路仍可以继续沿用。

三、借调用工关系下提供劳务者受害的责任承担

出借方和借调方之间不构成共同侵权，亦无法律明确规定或当事人约定，故不宜适用连带责任方式。如果因第三人的行为造成借调员工损害的，要处理第三人侵权责任和雇主责任之间的关系。首先，确定第三人与借调员工之间的责任划分。第三人侵权行为如构成一般侵权，则适用过错责任，对于损害应在第三人和借调员工之间依据各自的过错程度按比例承担；如构成特殊侵权，适用无过错或过错推定责任。其次，判断雇主与借调员工之间的责任承担问题。当雇主与第三人成为共同被告时，法院根据查明的事实，能确定各方责任大小的，可判定各自承担相应责任。本案某建筑工程公司作为施工方未对施工现场尽到安全保障义务，构成侵权责任主体，应与某工程技术公司根据过错程度承担按份责任，沈某1对自身安全亦未尽到注意义务，应自负一定责任。

编写人：上海市浦东新区人民法院　俞硒　吴莉

33

特定情形下临时监护人代签赔偿协议效力判定的考量因素

——朱某1等诉孙某4、申甲提供劳务者受害责任案

【案件基本信息】

1. 裁判书字号

江苏省泗洪县人民法院（2022）苏1324民初7397号民事判决书

2. 案由：提供劳务者受害责任纠纷

3. 当事人

原告：朱某1、朱某2、朱某3

被告：孙某4、申甲

【基本案情】

2018年12月11日，孙某4雇佣朱某6前往泗阳某地打井。2018年12月12日，朱某6打完井后，在运输打井工具的过程中，行驶至泗洪县五里江东路时发生单方交通事故，当场死亡。当日，孙某4与朱某3在内的朱某6亲属就赔偿事宜协商达成一致，并签订《赔偿协议书》一份，约定孙某4赔偿450000元，先付100000元，以后每年付50000元，孙某4、申甲及朱某3均在协议书上签名、捺印。协议签订后，孙某4当年赔偿了100000元，后分别于2019年赔偿50000元、2020年赔偿20000元，共计170000元，均由朱某3实际收取和支配。

另查明，朱某1、朱某2、朱某3及杨某5分别是死者朱某6的女儿、儿子、父亲和前妻。事故发生后，朱某3及时告知杨某5，杨某5并及时从云南赶回泗洪出席朱某6丧礼，杨某5也知道朱某6生前受雇为孙某4打井。

【案件焦点】

二被告与朱某3签订的《赔偿协议书》是否合法有效，是否应按照协议的约定享有权利和履行义务。

【法院裁判要旨】

江苏省泗洪县人民法院经审理认为：二被告与朱某3签订的《赔偿协议书》合法有效，双方均应按照协议的约定享有权利和履行义务。理由如下：第一，签订《赔偿协议书》时，朱某1、朱某2尚未成年，其母亲杨某5早已与朱某6离婚，且远在云南，而包括朱某3在内的朱某6众多亲属在场，孙某4有理由相信朱某3可以暂行监护权，代朱某1、朱某2处理赔偿事宜。第二，签订《赔偿协议书》距朱某6丧礼仅几天时间，杨某5回泗洪出席丧礼时已知道朱某6死亡的具体情况，从常理讲，一般会向亲属询问关于赔偿的细节，包括赔偿金额、有无签订赔偿协议等，即便亲属不告知，也会向赔偿义务人一方询问。而杨某5却称朱某3告知其已处理好了便未再追问，也未向孙某4询问，明显与常理不符。另，《赔偿协议书》签订至今已四年，孙某4支付的赔偿款170000元均由朱某3实际收取和支配，杨某5并未收取和支配任何款项，其却称也未就此询问过朱某3或孙某4，与常理亦严重不符。综合以上分析，应当认定杨某5知道或者应当知道《赔偿协议书》的内容。第三，朱某6虽受雇为孙某4打井并在运输打井工具的过程中发生交通事故导致死亡，但该事故为单方事故，朱某6自身存在重大过失，应当自行分担该部分损失，且赔偿金额450000元是经由双方反复协商才确定的，故《赔偿协议书》并不存在法定的无效或可撤销情形。即便存在可撤销情形，《赔偿协议书》签订至今已四年，也超过了行使撤销权的期间。第四，申甲自愿在协议书上签名、捺印，构成债务加入，故不论其是否与孙某4共同雇佣朱某6，也不论其是否与孙某4离婚，均应与孙某4共同承担赔偿责任。

江苏省泗洪县人民法院依照《中华人民共和国民法典》第二十七条、第五百四十一条、第五百七十七条、第一千一百九十二条，《中华人民共和国民事诉讼法》第一百四十七条之规定，判决如下：

一、孙某4、申甲共同赔偿朱某1、朱某2、朱某3各项损失280000元，于本判决生效后十日内履行完毕；

二、驳回朱某1、朱某2、朱某3的其他诉讼请求。

一审判决后，双方当事人均未提出上诉，该判决现已生效。

【法官后语】

一、紧急情况下，在先顺位监护人缺位时，在后顺位自然人监护人可突破监护顺位临时代行监护权

《中华人民共和国民法典》规定了未成年人监护的种类和顺位，就监护的种类而言，包括自然人监护和单位监护；就监护的顺位而言，父母是未成年人的第一顺位自然人监护人，祖父母等是未成年人的第二顺位自然人监护人，民政部门和村居等是未成年人的第三顺位单位监护人。《中华人民共和国民法典》同时规定了一定情形下可对上述监护顺位进行突破，但突破的条件不尽相同。

只有在作为第一顺位监护人的未成年人的父母“已经死亡或者没有监护能力”的情形下，才能由作为第二顺位监护人的祖父母等担任监护人，对监护顺位进行突破；而民政部门和村居在“因发生突发事件等紧急情况，监护人暂时无法履行监护职责”时，即可突破监护顺位临时代行监护权。在现实生活中，由于社会生活的复杂性，很多情况下，作为在先顺位监护人的父母并未死亡或者并非没有监护能力，只是暂时无法履行监护职责，而由作为在后顺位监护人的祖父母等临时代行监护权，农村留守儿童由其祖父母代为照料即是典型表现，也在一定程度上缓解了未成年人监护的难题。尤其是在未成年子女遇到突发情况时，在先顺位监护人的缺位会对未成年人的合法权益带来重大影响，若不允许作为在后顺位监护人的祖父母等突破监护顺位临时代行监护权，无疑违背了保护未成年人合法权益的立法初衷，也与中华文化传统和道德规范相悖。综上，笔者认为，在个案中，在不违反最大限度保护未成年人合法权益的前提下，对未成年人的自然人监护顺位突破的条件可参照对未成年人的单位监护顺位的突破条件。具体到本案中，朱某 1、朱某 2 的父亲突然去世，母亲杨某 5 虽属在先顺位监护人，但早已离开子女远在外地，只有作为在后顺位监护人的朱某 3 可以代理其二人处理赔偿事宜。此种情形下，朱某 3 自可突破监护顺位临时代行监护权，代理其二人与被告签订赔偿协议。因为监护人是未成年人的法定代理人，如不承认监护人身份，则不能取得法定代理人资格，自然不能代理签订赔偿协议。且本案中，并非被告不认可双方达成的《赔偿协议书》，而是朱某 1、朱某 2 及其母亲杨某 5 不认可双方达成的《赔偿协议书》，如机械地适用《中华人民共和国民法典》第二十七条，不仅不能对未成年人合法权益的保护起到示范作用，反而容易诱发道德风险，最终不利于未成年人的身心健康成长。

二、当事人对案件事实是否知道或者应当知道，应运用推定的方法，结合当事人的参与度、行为的合理性等因素综合判断

知道或者应当知道是一个非常复杂的法律问题，在司法实践中并无一定统一的认定标准，需结合个案具体分析认定。笔者认为，不论是“知道”还是“应当知道”，都可以运用推定的方法认定。在运用推定的方法时，应结合当事

人的参与度、行为的合理性等综合判断，而非单纯的逻辑推演。而行为的合理性运用在认定“应当知道”时则显得更为复杂，与当事人参与度这一相对客观的标准相比具有更强的主观色彩，需要结合丰富的日常生活经验法则来判断，否则容易陷入主观臆断的泥潭。知名学者王利明在分析融资租赁合同中正常经营买受人规则的排除适用情形时，也强调从行为的合理性角度综合认定是否符合“购买商品的数量明显超过一般买受人”这一构成要件，即“‘购买商品数量’这一判断因素，不能作为排除适用正常经营买受人规则的单一的、决定性的判断标准，在具体个案中，还应同时考虑交易的性质、类型、交易习惯，同时也需要综合价款数额、支付方式等相关要素”。具体到本案中，签订《赔偿协议书》仅几天时间，杨某5已回泗洪出席朱某6丧礼，并知道其死亡的具体情况，杨某5却称对赔偿的细节包括协议内容和款项的支付均未过问，其参与度显然较高，而其行为的合理性则严重不足。正是基于此，才推定杨某5知道或者应当知道《赔偿协议书》的内容。

编写人：江苏省宿迁市泗洪县人民法院　李叙叙

34

提供劳务者与接受劳务者签订赔偿协议后又起诉撤销的，应证明存在法定可撤销情形

——王某1诉某建筑废弃物再生技术有限公司提供劳务者受害责任案

【案件基本信息】

1. 裁判书字号

湖北省黄冈市中级人民法院（2022）鄂11民终2916号民事判决书

2. 案由：提供劳务者受害责任纠纷

3. 当事人

原告（上诉人）：王某1

被告（被上诉人）：某建筑废弃物再生技术有限公司

【基本案情】

2021年6月，某建筑废弃物再生技术有限公司雇请王某1在沙场从事设备维修工作，同年8月31日上午，王某1在维修设备时不慎从机械上坠落受伤。受伤后，王某1被送往县人民医院治疗，诊断为腰椎骨折，同年9月5日，王某1在正骨医院住院治疗26天，共用去医疗费6341.54元。事发三至四天后，某建筑废弃物再生技术有限公司通过微信转账7000元给王某1用于支付医疗费。同年11月13日，经司法鉴定所鉴定为十级伤残，用去鉴定费800元。同年12月3日，王某1与某建筑废弃物再生技术有限公司达成赔偿协议：某建筑废弃物再生技术有限公司赔偿王某12万元（不含7000元医疗费）。之后，某建筑废弃物再生技术有限公司按协议约定履行了付款义务。同月13日，王某1再次委托鉴定，法医司法鉴定所评定其误工期自受伤之日起120日，护理期自受伤之日起一人护理60日，用去鉴定费1200元。事故发生后，某建筑废弃物再生技术有限公司共计支付27000元给王某1。

【案件焦点】

王某1与某建筑废弃物再生技术有限公司签订的赔偿协议是否应当撤销。

【法院裁判要旨】

湖北省红安县人民法院经审理认为：王某1虽在外地务工，但在事故发生时，作为年满43周岁的完全民事行为能力人，其具有生活经验与判断能力，对可能涉及的赔偿情况应该明晰，且王某1是在伤残等级鉴定作出后与某建筑废弃物再生技术有限公司签订赔偿协议，签订前王某1具有完全充分的条件，通过咨询专业机构客观评估其受伤损失。王某1如认为赔偿项目不符合法律规定或赔偿金额过低，完全可以不签订赔偿协议而直接提起民事诉讼。因此，有理由认为上述赔偿协议系王某 1 基于自身利益考虑而自愿作出的真实意思表示，即使约定的赔偿金额与实际损失存在一定差距，也是其对自身权利的合法处分。该协议的签订不符合重大误解、显失公平的法律特征，故对王某 1 的诉讼请求不予支持。

湖北省红安县人民法院依照《中华人民共和国民事诉讼法》第十三条、第一百四十五条，《中华人民共和国民法典》第一百四十七条、第一百五十一条、第一百五十二条规定，作出如下判决：

驳回王某 1 的诉讼请求。

王某 1 不服一审判决，提起上诉。

湖北省黄冈市中级人民法院经审理认为：双方签订的协议不违反法律强制性规定，合法有效。王某 1 单方委托法医司法鉴定所于 2021 年 11 月 13 日评定其伤情为十级伤残，双方于 2021 年 12 月 3 日签订《协议书》中载明“王某 1 脊椎压缩性骨折”，表明在协议签订时，王某 1 已明显知道自身伤情存在伤残，仍与某建筑废弃物再生技术有限公司签订该协议。依据《中华人民共和国民法典》第一百五十一条“一方利用对方处于危困状态、缺乏判断能力等情形，致使民事法律行为成立时显失公平的，受损害方有权请求人民法院或者仲裁机构予以撤销”的规定，王某 1 与某建筑废弃物再生技术有限公司于 2021 年 12 月 3 日签订协议并已经实际履行，系双方在自愿基础上达成，并无显失公平或重大误解情形，王某 1 亦未举证证明该《协议书》在签订时某建筑废弃物再生技术有限公司利用其处于危困状态或缺乏判断能力，故对王某 1 请求撤销《协议书》并重新认定处理其损失的诉讼主张，依法不予支持。

湖北省黄冈市中级人民法院依照《中华人民共和国民事诉讼法》第一百七十七条第一款第一项规定，作出如下判决：

驳回上诉，维持原判。

【法官后语】

可撤销的民事法律行为是指在意思表示有瑕疵的情况下实施的民事法律行

为，行为人有权请求人民法院或者仲裁机构予以撤销，被撤销的民事法律行为自始没有法律约束力。《中华人民共和国民法典》第一百五十一条规定了显失公平的民事法律行为是可撤销的。根据该条文，显失公平的认定包括客观要件和主观要件，客观要件表现为双方的权利义务明显失衡，认定该要件标准的时间应为作出该民事法律行为的时间；主观要件表现为存在利用对方处于危困状态、缺乏判断能力的故意，例如明知对方由于经济困难而急需用钱，或者缺乏相关知识和判断能力，而故意利用对方的这种状态为自己牟利。

在审理过程中，一般来说，提出撤销民事法律行为主张的一方当事人应当就主观要件和客观要件承担举证责任，不仅要证明自己作出民事法律行为时处于危困状态、缺乏判断能力，还要证明相对方有故意利用的主观过错。但在个案中可以根据情况对举证责任进行调整。

在实践中，很多提供劳务者在受到人身损害时，与相对方就赔偿事宜自行达成协议，事后又以显失公平为由申请撤销。提供劳务者往往缺乏法律专业知识，在经济能力和经验上也较相对方处于弱势地位，法院在判断协议的签订是否显失公平，可以从签订协议的时间入手认定，如果签订协议是在伤残鉴定之后签订，则一般不应支持撤销请求；如果协议是在伤残鉴定之前签订，由于提供劳务者非专业医护人员，其对自身伤情所造成的损害无法作出科学准确的判断，而接受劳务一方又不能证明其已经将实际情况和相应法律后果告知提供劳务者，在这种情况下提供劳务者适用《中华人民共和国民法典》第一百五十一条主张撤销权时一般应予支持，当然，具体仍要结合案件事实和双方的举证情况作出判断。

作为提供劳务者，在提供劳务过程中受到人身损害时，应当及时对自己的伤情进行评估鉴定，并通过专业机构咨询计算损失。如果签订协议后发现存在显失公平的情况，一定要在知道或者应当知道显失公平之日起一年内行使撤销权，同时应当注意不要超过《中华人民共和国民法典》第一百五十二条第二款规定的五年最长除斥期间。对于接受劳务一方来讲，签订协议时应当遵循公平原则和自愿原则，在协议中要列明法定赔偿项目，提供劳务者确系自愿放弃法定赔偿项目的，应在赔偿协议中注明自愿放弃，且接受劳务一方应当向提供劳务者明示并确保提供劳务者已经知晓签订协议相应的法律后果。

本案中，赔偿协议是在伤残鉴定作出之后签订，提供劳务者已经对自身伤情有了充分的认知，两级法院因此驳回其诉讼请求。此类案件的处理，结合具体案情，既要基于公平原则对提供劳务者的合法权益进行保护，又要基于自愿原则充分尊重当事人意思自治，才能取得良好的法律效果和社会效果。

编写人：湖北省红安县人民法院　隋露娃

35

以重大误解、显失公平为由撤销劳务赔偿协议的认定

——刘某1诉杨某2提供劳务者受害责任案

【案件基本信息】

1. 裁判书字号

重庆市第三中级人民法院（2022）渝03民终1520号民事判决书

2. 案由：提供劳务者受害责任纠纷

3. 当事人

原告（上诉人）：刘某1

被告（被上诉人）：杨某2

【基本案情】

2021年4月4日，梅某3将其父梅某4位于重庆市涪陵区某镇某村的房屋发包给杨某2翻建，并签订《房屋翻建包工、包料、包安全承包协议》，该协议约定了工程承包范围、承包单价、修建要求及付款方式等，并约定翻建过程中的一切安全风险由杨某2全权负责。之后，杨某2雇请刘某1等人施工。施

工过程中，刘某1不慎从高处摔下受伤，被送往医院住院治疗，先后共计花费32816.57元。

2021年7月22日，杨某2与刘某1达成《赔偿协议书》，该协议约定："甲方杨某2、乙方刘某1双方自愿达成如下协议：1. 甲乙双方此日签订的赔偿协议为工伤赔偿协议。2. 自乙方受伤之日起截至本协议签订之日所实际发生的各项费用共计34000元整，已由甲方全部付清，协议签订之后乙方不得再以任何理由向甲方索取前述期间即乙方受伤之日起截至本协议签订之日发生的任何费用。3. 经甲乙双方协商同意，甲方再向乙方赔偿伤残待遇、医疗补助金、误工费用等依法应由甲方给予的全部费用合计人民币60000元整由甲方在协议双方签字后于2022年2月22日前分三批偿还完，每次偿还20000元整……5. 甲乙双方签署本协议后，终止双方的权利和责任。乙方承诺不再以任何形式、任何理由就与劳动、伤害有关的事宜向甲方要求其他任何费用或承担任何责任……7. 本协议为一次性终结处理协议，双方当事人应均以此为断，全面切实履行所有约定项目与内容，不得再以任何理由纠缠。乙方今后身体或精神出现任何问题均与甲方无关……甲方（手印）签字：杨某2（签名捺印）、乙方（手印）签字：刘某1（签名捺印）。"

后刘某1单方委托司法鉴定所对其进行伤残鉴定，2021年10月25日，该鉴定所作出鉴定意见：刘某1左侧肘关节功能丧失50%以上评定九级伤残；左侧腕关节功能丧失25%以上评定十级伤残。得知鉴定结果后，刘某1诉至法院，要求撤销前述赔偿协议，由杨某2赔偿其各项损失共计298450.88元。

【案件焦点】

本案《赔偿协议书》是否因存在重大误解或显失公平情形而撤销。

【法院裁判要旨】

重庆市丰都县人民法院经审理认为：杨某2与刘某1已就受伤赔偿问题达成《赔偿协议书》，该协议系双方真实意思表示，不违反法律、行政法规强制性规定，合法有效。双方应按照该协议约定的内容履行义务，现刘某1未举示证据证明该协议属于显失公平的情形，对刘某1的诉请，不予支持。

重庆市丰都县人民法院依照《中华人民共和国民法典》第七条、第一百三十六条、第一千一百六十五条第一款、第一千一百九十二条第一款以及《最高人民法院关于适用〈中华人民共和国民事诉讼法〉的解释》第九十条规定，判决如下：

一、杨某2在判决生效之日起十日内支付刘某1残疾赔偿金、误工费等经济损失共计60000元；

二、驳回刘某1的其余诉讼请求。

刘某1不服一审判决，提起上诉。

重庆市第三中级人民法院经审理认为：双方订立赔偿协议时，刘某1正进行第二次住院治疗，尚未进行伤残鉴定，其对接下来是否需要继续住院治疗及可能涉及的赔偿问题，均无正确认识。刘某1作为一名普通农村劳务提供者其自身认知水平有限，在持错误认识的情况下与杨某2达成赔偿协议，该协议直接影响到其人身损害赔偿权利的行使，损害劳动者的生存权益。刘某1有权向人民法院申请撤销。

重庆市第三中级人民法院依照《中华人民共和国民法典》第一百四十七条、第一百五十一条、第一千一百六十五条第一款、第一千一百九十二条第一款，《最高人民法院关于适用〈中华人民共和国民事诉讼法〉的解释》第九十条及《中华人民共和国民事诉讼法》第一百七十七条第一款第二项规定，判决如下：

一、撤销重庆市丰都县人民法院一审民事判决；

二、撤销杨某2与刘某1签订的《赔偿协议书》；

三、由杨某2在本判决发生效力后十五日内，支付刘某1共计154994.57元；

四、驳回刘某1的其余诉讼请求。

【法官后语】

随着生活水平的不断提高，农村新建、改建、增建房屋的数量不断增加。目前，农村建房基本由农村个体包工头、工匠进行施工，由于安全意识淡薄、操作不规范、安全设施简陋等原因，农村建房安全事故频发，由此引发的人身损害赔偿纠纷也日益增多。安全事故发生后，伤者急切地希望获得赔偿与救助，通常在伤残鉴定未作出前，便与包工头协商订立赔偿协议。对于此类协议，伤者主张签订协议时存在重大误解或协议显失公平，请求人民法院予以撤销，人民法院是否应予支持，存在不同意见。

第一种意见认为，可以撤销。理由为：劳务关系虽不像劳动关系那样具备严格的从属性，但接受劳务一方相较于提供劳务者仍具有一定的优势地位，而在伤残等级鉴定尚未作出前，伤者并不清楚其能够获得赔偿的情况，其在主张赔偿的问题上缺乏依据和经验，加之受伤后，伤者的经济状况较差，为尽快获得经济赔偿或者补偿，往往会选择尽快与接受劳务一方达成赔偿协议。待后续伤残鉴定作出后，若协议赔偿的金额与伤者根据伤残情况及法律规定能够获得的赔偿金额悬殊时，从保护劳动者角度出发，应依伤者的诉请，撤销赔偿协议，并根据伤残鉴定结论，在划分责任后，据实赔偿。

第二种意见认为，不能撤销。理由为：伤者在签订赔偿协议前，可通过咨询专业机构或进行伤残鉴定等方式，以客观评估其受伤损失。伤者如认为赔偿项目不符合法律规定或赔偿金额过低，完全可以不签订赔偿协议而直接提起民事诉讼。故此种赔偿协议系伤者对其实体权利的处分，是双方真实意思表示，不违反法律法规的强制性规定，合法有效。若伤者诉请撤销该赔偿协议，有违诚实信用原则，不应予以支持。

笔者同意第一种意见，根据《中华人民共和国民法典》第一百四十七条、第一百五十一条的规定可知，基于重大误解实施的民事法律行为及民事法律行为成立时显失公平的，行为人或权利受损方有权请求人民法院予以撤销。提供劳务人员伤后与包工头达成的赔偿协议，本质上属于民事合同，适用前述规定。对于重大误解的理解，应从以下三个方面着眼：误解是当事人认识上的错误；误解是当事人对合同内容的认识错误；误解直接影响到当事人的权利义务。而对显失公平的认定，则可侧重从两方面进行分析：一是主观方面，协议订立中一方是否故意利用其优势或者对方轻率、没有经验；二是客观方面，协议订立双方的权利义务是否对等，协议约定的内容是否明显违反公平原则，一方获得的利益或另一方遭受的损失是否违背法律、习惯等。司法实践中，若赔偿义务人在赔偿权利人的伤残等级鉴定作出前，达成赔偿协议，若该协议中约定的赔偿金额显著低于依据法律规定可获得的赔偿金额时，一般倾向于认为该协议显失公平。同时，还应根据个案的具体情况进行分析，如伤者的家庭情况、文化程度、治疗费用情况、伤残情况对劳动者后续的生活影响等。

本案中，刘某1作为普通的农村劳务提供者，缺乏相应的索赔经验与判断能力，在治疗期间，其为尽快获取经济补偿，以摆脱生活的窘境，在未进行伤残鉴定、对可获得的赔偿情况不甚明了的情况下，签订了赔偿协议，该协议约定的赔偿金额远低于依照法律规定可获得的赔偿数额，应认定该协议系刘某1基于重大误解与杨某2达成的显失公平的协议，刘某1有权向人民法院申请撤销。

编写人：重庆市第三中级人民法院　伍柯聿

六、义务帮工的认定与责任承担

36

多重法律关系中，被帮工人主体的认定

——姜某1诉甲科技公司等义务帮工人受害责任案

【案件基本信息】

1. 裁判书字号

福建省厦门市中级人民法院（2022）闽02民终4223号民事裁定书

2. 案由：义务帮工人受害责任纠纷

3. 当事人

原告（被上诉人）：姜某1

被告（上诉人）：甲科技公司、甲科技公司长泰分公司

被告（被上诉人）：乙科技公司、某海绵加工厂

【基本案情】

乙科技公司向甲科技公司长泰分公司购买海绵并支付相应货款，之后乙科技公司又将该批海绵转卖给某海绵加工厂，并约定由某海绵加工厂直接到甲科技公司长泰分公司拉货。后某海绵加工厂委托姜某1到甲科技公司长泰分公司将该批货物运回并支付600元运费。

姜某1驾驶重型普通货车到甲科技公司长泰分公司装载海绵，在甲科技公

司长泰分公司员工装、摆海绵过程中，姜某1在车辆货厢上面帮忙，因甲科技公司长泰分公司员工从楼上扔到货厢的海绵碰到姜某1，致使姜某1从货厢摔到地面受伤。姜某1受伤后被送往医院治疗，并支出各项费用。

【案件焦点】

1. 姜某1的行为是否属于义务帮工行为；2. 在认定属于义务帮工行为后，被帮工人究竟是甲科技公司长泰分公司，还是乙科技公司、某海绵加工厂。

【法院裁判要旨】

福建省厦门市海沧区人民法院经审理认为：姜某1驾驶自己的车辆到甲科技公司长泰分公司为某海绵加工厂运载海绵，根据当事人的陈述，海绵的装卸应由甲科技公司长泰分公司员工负责，因此，姜某1并没有装卸海绵的义务。姜某1在甲科技公司长泰分公司员工装、摆海绵的过程中予以帮忙、协助的事实清楚，故姜某1与甲科技公司长泰分公司形成义务帮工关系，姜某1为帮工人、甲科技公司长泰分公司为被帮工人。

关于姜某1受伤的责任问题，根据视频、相片可以认定姜某1受伤是因为甲科技公司长泰分公司的员工在往货厢扔海绵时对危险性认识不足，未认真观察、没有尽到注意义务，致使海绵碰到在货厢上的姜某1，造成姜某1从货厢摔到地面而受伤。姜某1对事故的发生没有过错，甲科技公司长泰分公司员工的过错行为是导致事故发生的根本原因，甲科技公司长泰分公司作为被帮工人应对姜某1的损害承担赔偿责任。甲科技公司长泰分公司系甲科技公司设立的分公司，其民事责任应由甲科技公司承担。

关于姜某1因事故遭受损失的数额问题。经核算，甲科技公司应赔偿姜某1各项费用511984.25元，对姜某1的诉讼请求合理部分，予以支持，其余予以驳回。

福建省厦门市海沧区人民法院依照《中华人民共和国民法典》第一千一百六十五条第一款、第一千一百七十九条、第一千一百八十三条，《中华人民共和国公司法》第十四条第一款，《最高人民法院关于审理人身损害赔偿案件适用法律若干问题的解释》（法释〔2020〕17号）第五条第一款、第六条、第七条、第八条、第九条、第十条、第十一条、第十二条、第十六条、第十七条,《中华人民共和国民事诉讼法》第六十七条第一款规定,判决如下:

一、甲科技公司于本判决生效之日起十日内支付姜某1各项费用1511984.25元;

二、驳回姜某1的其他诉讼请求。

甲科技公司、甲科技公司长泰分公司不服一审判决,提起上诉。

法院审理过程中,甲科技公司、甲科技公司长泰分公司经传票传唤,无正当理由拒不到庭。福建省厦门市中级人民法院依法裁定本案按甲科技公司、甲科技公司长泰分公司撤回上诉处理。

【法官后语】

在司法实务中,常遇到的义务帮工人受害责任纠纷大致有两种:一种是一般的义务帮工案件,如法律关系单一,帮工人、被帮工人身份容易确认,争议焦点主要集中在"是否为无偿义务帮工行为"的认定。一种是复杂的义务帮工案件,如存在多重法律关系、多个受益主体时,争议焦点除需对"是否为无偿义务帮工行为"进行分析外,还需对"被帮工主体"进行认定。本案主要探讨的便是多重法律关系中,被帮工人主体认定的问题。

一、义务帮工行为的认定

义务帮工行为具有以下几个显著的特征:一是无偿性,帮工人不要求被帮工人给付任何的报酬;二是临时性,帮工关系具有临时性、互助性以及可以基于一般交易习惯产生;三是合意性,帮工人和被帮工人形成了合意,被帮工人没有明确拒绝帮工,实际上获得帮工行为的利益。

本案中,姜某1承接运输工作,装货、卸货并非运输工作的附随义务。在无增加装卸货物约定的前提下临时参与装卸海绵工作,客观上提供了劳务,且未收取任何报酬。在姜某1参与装卸过程中,亦未接收到明确拒绝帮工的意思表示。故姜某1帮忙装卸货物的行为属于为他人无偿提供劳务的义务帮工行为。

二、多重法律关系下,被帮工人主体的确认

在认定属于义务帮工行为后,被帮工人究竟是甲科技公司长泰分公司,还是乙科技公司、某海绵加工厂，则成为本案的另一争议焦点。

第一种观点认为，姜某1受雇于某海绵加工厂前往甲科技公司长泰分公司处装货，该货物系基于乙科技公司与某海绵加工厂之间的买卖合同关系产生。姜某1帮工致损应由乙科技公司、某海绵加工厂承担赔偿责任。第二种观点认为，乙科技公司与甲科技公司长泰分公司的货款已经结清的，姜某1此次摔伤的事故与乙科技公司无关；某海绵加工厂在网上预约姜某1的车辆到甲科技公司长泰分公司运载货物，双方是运输合同关系。事故是因甲科技公司长泰分公司员工的过错造成的，与某海绵加工厂无关，某海绵加工厂不应承担责任。

笔者赞成第二种观点，被帮工人应系甲科技公司长泰分公司。本案中，存在多重法律关系：一是甲科技公司长泰分公司与乙科技公司存在买卖合同关系；二是乙科技公司与某海绵加工厂存在买卖合同关系；三是某海绵加工厂与姜某1存在货物运输合同关系；四是姜某1与某主体存在义务帮工关系。正因存在多重法律关系，致使“被帮工人”主体确认存在争议。笔者认为，被帮工人主体的认定可从直接受益性、控制性、因果关系三个方面综合分析：（1）直接受益性。被帮工人应是帮工活动的直接受益人，并非所有从帮工活动中受益的都属于被帮工人。本案中，装卸海绵的义务人是甲科技公司长泰分公司，姜某1是帮工人，可能从无偿帮工活动中受益的主体有甲科技公司长泰分公司、某海绵加工厂。乙科技公司与姜某1之间不存在直接的法律关系，亦未从帮工行为中获益，可直接排除其作为“被帮工人”的可能性。姜某1无偿帮忙装卸行为的直接受益人是甲科技公司长泰分公司，其帮工行为的直接目的是为达到尽快完成货物装载，而不是实现货物送达。某海绵加工厂虽也从义务帮工活动中受益，但其不是实际的直接受益人，不应属于被帮工人范畴。因此，不能简单地将从帮工活动中受益的主体一概论为被帮工人。（2）控制性。被帮工人对帮工人的实施行为有较强的控制性。本案中，某海绵加工厂与姜某1之间存在货物运输合同关系，姜某1作为承运人应按托运人要求完成运输义务，某海绵加工厂作为托运人，其无力控制姜某1在运载货物过程中可能向第三人做出的义务帮工行为。（3）因果关系。作为从帮工活动中受益的主体，与损害结果是否具有直接因果关系。本案中，导致姜某1人身损害的原因系甲科技公司长泰分公司的员工在往货厢扔海绵时对危险性认识不足，未认真观察，致使海绵碰到在货厢上的姜某1，造成其从货厢摔到地面受伤。某海绵加工厂虽从帮工活动中受益，但其与损害结果之间不存在直接因果关系。故综合上述三点分析，不宜将某海绵加工厂认定为被帮工人，被帮工人应系甲科技公司长泰分公司。

综上所述，在办理涉及多重法律关系的义务帮工人受害责任纠纷时，可遵循以下思路：认定是否属于义务帮工—结合直接受益性、控制性、因果关系确认被帮工人—根据帮工人和被帮工人各自的过错承担相应责任。

编写人：福建省厦门市海沧区人民法院　颜思远　林烨

37

关于义务帮工责任纠纷的归责问题探究

——李某诉阮某、查某义务帮工人受害责任案

【案件基本信息】

1. 裁判书字号

云南省曲靖市中级人民法院（2022）云03民终2912号民事判决书

2. 案由：义务帮工人受害责任纠纷

3. 当事人

原告（被上诉人）：李某

被告（上诉人）：阮某、查某

【基本案情】

李某与阮某、查某系同村人，李某的妻子骆某在查某开办的幼儿园工作。2021年9月17日晚，阮某、查某通过骆某请李某第二天帮其家里砍玉米秆，

次日早上，李某到阮某、查某家位于沟心里的玉米地为其砍玉米秆，在装车捆扎玉米秆的过程中因皮带断裂李某从车上摔下致伤右腿。李某伤后被送往骨科医院治疗，经诊断为：右侧跟骨粉碎性骨折。在骨科医院住院治疗一天后转院到县人民医院住院治疗12天后好转出院。在两医院住院共开支医疗费6291.7元（阮某、查某支付了全部医疗费）。李某的损伤经司法鉴定所2022年1月5日鉴定评估为：1. 李某此次外伤致右侧跟骨粉碎性骨折的损伤属十级伤残。2. 李某的后续治疗费、手术费及康复费等费用，约需10000元。

【案件焦点】

1. 无偿提供劳务的帮工人因帮工活动遭受人身损害的，是否根据帮工人和被帮工人各自的过错责任承担相应的责任；2. 被帮工人明确拒绝帮工的，被帮工人不承担赔偿责任，是否可以在受益范围内予以适当补偿。

【法院裁判要旨】

云南省陆良县人民法院经审理认为：《中华人民共和国民法典》实施后，义务帮工人受害的归责原则从原来的无过错责任原则转变到现在的过错原则，这在一定程度上减轻了被帮工人的赔偿责任，是我国立法的重大转变。《中华人民共和国民法典》的规定提醒帮工者在帮工过程中应尽到安全防范的注意义务，被帮工人也应尽到审慎的安全防范和监督义务，为帮工人提供安全的帮工环境和防护措施，保证帮工人在帮工活动中的人身安全，勿让他人的好意害了自己。本案中，李某系在为阮某、查某提供义务帮工的过程中摔伤，被帮工人阮某、查某未对帮工人尽到安全保障义务，应当承担赔偿责任。李某在车上捆扎玉米秆时，未仔细检查皮带是否安全牢靠，未充分注意自身安全，造成从车上摔下受伤，存在一定过错，应减轻被告方的赔偿责任，以自身承担30%责任为宜。

云南省陆良县人民法院根据《中华人民共和国民法典》第一千一百七十九条，《最高人民法院关于审理人身损害赔偿案件适用法律若干问题的解释》第五条第一款、第六条、第七条、第八条、第十条、第十二条第一款及《中华人民共和国民事诉讼法》第一百四十七条之规定，判决如下：

一、除已支付的6291.7元外，由阮某、查某于本判决生效后十日连带赔偿李某误工费、住院伙食补助费、伤残赔偿金、后期治疗费、护理费、鉴定费等各项损失73257.79元；

二、驳回李某的其余诉讼请求。

阮某、查某不服一审判决，提起上诉。

云南省曲靖市中级人民法院同意一审法院裁判意见，判决：驳回上诉，维持原判。

【法官后语】

一、义务帮工关系的成立

义务帮工是社会生活中经常发生的现象。邻里之间相互帮助对于促进社会和谐具有积极意义。义务帮工是指为了满足被帮工人生产或生活等方面的需要，没有义务的帮工人不以追求报酬为目的，为被帮工人无偿提供劳务或服务的行为，是一种没有法定或者约定的义务，不要求任何形式的直接报酬或其他对待给付，为他人的事务提供帮助，被帮工人不予拒绝的事实行为。它通常发生在亲朋好友、同事、邻居之间，具有临时性的特点。帮工活动中，帮工人为被帮工人提供劳务只是单方给付。帮工人虽然是自愿、无偿提供帮工活动，但其仍然是为被帮工人的利益而行为的，基于报偿原理，应当由被帮工人对帮工活动造成的风险承担责任。作为一种人身损害赔偿责任，义务帮工致害责任应当符合一定的构成要件，具体如下：（1）义务帮工活动的客观存在。帮工事实行为的客观存在是义务帮工活动的基础。帮工的形式多种多样，但帮工活动的内容必须是正当、合法的，谋求非法利益的义务帮工活动，不具有构成义务帮工人身损害赔偿责任的可能。界定被帮工人应当以实际受益为标准，谁是帮工人提供劳务的实际受益者，谁就应当为被帮工人。（2）人身损害的客观事实。生命权、健康权、身体权受到损害的客观事实，是构成义务帮工人身损害赔偿责任的前提。其包括两个方面：一是义务帮工人在帮工活动中造成义务帮工关系之外的第三人的损害；二是义务帮工人在帮工活动中自己遭受人身损害。（3）帮工活动与人身损害的因果关系。在义务帮工人身损害赔偿责任中，对帮工活动与人身损害的因果关系采用相当因果关系说，即只要是帮工人在帮工活动中为完成帮工活动致人损害或受到人身损害的，就应当认定为有因果关系。帮工关系的成立是构成帮工风险责任的基础。为被帮工人提供劳务的活动应是帮工人遭受损害的必要条件，而且是一个决定性的要件。损害程度应当达到相当的程度，必须对受害人的损失采取分担损失的方法予以补救。帮忙是指被帮忙人劳务繁忙，或在工作、生活中存在某种困难时，帮忙人被邀请或主动前往提供临时劳务，以减轻被帮忙人的劳务负担，或帮助其克服某种困难。帮忙相比于帮工而言，更具有短期性和临时性。帮工需由用工方提供工作环境和工作条件是其重要特征，且帮工人需受被帮工人的指挥，如果不具备上述特征则不能认定为帮工关系。如果“被帮工人”对“帮工人”从事的“帮工”活动既不知情，也不认可，则不能认定为帮工关系。

另外义务帮工合同还具有以下特征：(1) 帮工合同是无偿的，具有明确的无偿性特征，帮工人不向对方要求给付报酬，如果帮工人要求对方支付报酬，不管该报酬是以金钱方式、劳务方式或其他方式体现出来，则会彻底改变法律关系的属性。(2) 帮工合同是单务合同。帮工关系中，仅要求帮工人一方负担给付义务，不需要对方负担给付义务，也就是说帮工人向被帮工人提供帮工不需要被帮工人提供某种给付为对价。(3) 帮工关系具有互助、临时、一次性消费等特点。

二、关于义务帮工责任纠纷的归责问题

民事责任的归责原则是指在确认民事责任的归属时所依据的标准和法律原则。帮工人在帮工活动中受到损害，被帮工人应当承担责任，是由于帮工人出于善意帮助被帮工人，因此，对帮工人造成的人身损害是属于被帮工人对自己的行为负责的侵权行为，也是直接责任，应当遵守直接责任的基本规则。对于义务帮工，《中华人民共和国民法典》对此没有单独规定，司法实践中的问题根据司法解释处理。修正后的《最高人民法院关于审理人身损害赔偿案件适用法律若干问题的解释》(2020年12月及2022年2月两次修正) 第四条、第五条仍就无偿帮工关系的司法规则予以了统一，该司法解释第五条第一款规定：

“无偿提供劳务的帮工人因帮工活动遭受人身损害的，根据帮工人和被帮工人各自的过错承担相应的责任；被帮工人明确拒绝帮工的，被帮工人不承担赔偿责任，但可以在受益范围内予以适当补偿。”被帮工人原则上应当对无偿帮工人在提供帮工活动时自身遭受的损害承担法定责任，但应当考虑双方的过错，也即根据《中华人民共和国民法典》第一千一百七十三条“被侵权人对同一损害的发生或者扩大有过错的，可以减轻侵权人的责任”的规定，实行过失相抵，即当帮工人有过错时，应当减轻被帮工人的相应责任。义务帮工人受害责任实行过错责任原则。这在一定程度上减轻了被帮工人的赔偿责任，是我国立法的重大转变。判决被帮工人对帮工人承担赔偿责任，既符合法律，也与情理吻合，还有利于弘扬助人为乐的社会风尚。该规定既提醒帮工者在帮工过程中应尽到安全防范的注意义务，也提醒被帮工人也应尽到审慎的安全防范和监督义务，为帮工人提供安全的帮工环境和防护措施，保证帮工人在帮工活动中的人身安全，勿让他人的好意害了自己。另外新、旧司法解释也规定了一种例外情况，比如，帮工人从事帮工活动致人损害或遭受人身损害时，如果被帮工人明确拒绝帮工，则不承担赔偿责任。也就是说，“明确拒绝”帮工，是被帮工人的免责事由。那么，“明确拒绝”帮工的举证责任应由谁来承担？在义务帮工关系中，作为受益方的被帮工人对于是否接受帮工人的帮工掌握着主动权，可以明确拒绝，甚至制止其帮工。在特定场景之下，被帮工人能更好地掌握帮工活动中存在的风险并对风险进行有效评估，从风险评估和信息掌握角度来说，由被帮工人承担举证责任更合适。本案中查某答辩其通过李某之妻请李某来帮工，但李某当晚并没有答应，后李某第二天自行前往查某家玉米地做工，其理由是李某既然在她邀约的时候没有答应，后来自行前来干活应当减轻被告方责任。本案中，李某达到帮工地点后，阮某并未明确拒绝、制止其帮工，双方已经构成义务帮工关系，李某在帮工过程中受伤，被帮工人阮某、查某应当承担赔偿责任。

三、关于责任主体的问题

现实生活中，帮工人在从事义务帮工过程中受伤的情况较为常见，但社会生活纷繁复杂，往往在一个义务帮工受害事件中出现多个争议主体，帮工活动本来就基于友谊、相识等因素从事临时短时间的劳务，帮工人并不会在事前去在意和明确被帮工人；帮工人往往不是由被帮工人请来帮工，聘请行为人与实际被帮工人往往存在口头或默认的委托代理关系；与帮工活动相关联的主体可能在法律关系上与帮工人不存在帮工法律关系；帮工受害事件发生后潜在的责任方往往都按无责的方向主张事实，这些社会事实都给法院明确被帮工人带来了困扰和难度。需要法官结合日常生活经验常识和法律关系确定的核心要件来明确法律关系和责任主体。本案中，查某通过李某之妻骆某请李某帮忙砍玉米秆，李某亦如约前去帮忙，虽然事发现场只有阮某在，但查某与阮某系夫妻关系，作为共同受益人，查某与阮某应认定为本案的共同被帮工人。

四、关于责任比例问题

关于责任比例问题，一般应该根据行为危险性大小及危险回避能力的优劣来决定过失的轻重，同时根据注意义务的内容和注意标准来决定过失行为的轻重。具体到本案，在装车过程中，李某在车上与他人共同扎皮条时因皮条断裂从车上摔落致伤，李某作为成年人其对站在车上扎皮条及扎皮条的用力程度应当具有预判性，其疏于防护的行为有一定过错，应当承担次要责任。阮某、查某明知帮工行为具有一定危险性，而未对帮工人尽到安全保障义务，应当承担主要责任，本案依法适用过错归责原则，按照过错和原因力大小来确定责任比例，判决受害人一方承担30%的责任。在该类纠纷中，公正合理的判决除了能够公正合理地确定双方的权利义务，化解已经产生的纠纷和矛盾。更重要的是，通过裁判能够产生导向和引领作用，让帮工人和被帮工人能对自己的行为作出合理的预期，促使帮工人加强安全防范意识，在提供帮工劳务时谨慎小心，同时能促使被帮工人加强风险控制意识，注重安全提醒和管理，尽量消除潜在的安全风险，在一定程度上减少帮工受害事故，促进社会和谐稳定。

编写人：云南省陆良县人民法院　周红军

38

经雇主指示的义务帮工行为责任认定

——金某1诉陈某2义务帮工人受害责任案

【案件基本信息】

1. 裁判书字号

江西省高安市人民法院（2022）赣0983民初6867号民事判决书

2. 案由：义务帮工人受害责任纠纷

3. 当事人

原告：金某1

被告：陈某2

【基本案情】

金某1在某项目工地驾驶推土机从事土方平整工作。2021年9月2日，陈某2驾驶的运输土方货车在该工地上被陷，其便主动请求金某1帮忙拖车，金某1在得到雇主的指示后，驾驶推土机对被陷货车进行牵引，牵引过程中钢丝绳断裂，断裂的钢丝绳因释放张力砸碎推土机车窗玻璃，并砸伤金某1头部。事故发生后，金某1被送往当地医院治疗，经医院诊断，金某1的伤情为：1. 右额部硬膜外出血；2. 右额骨颅骨凹陷性骨折；3. 头皮裂伤，住院39天后出院。医嘱：1. 注意休息、建休二月；2. 一月后复查头颅CT；3. 有不适情况及时复诊。金某1为此花费医疗费44499.55元。

2021年12月7日，金某1委托某鉴定中心对其伤残、三期及后续治疗费鉴定，经鉴定：金某1构成十级伤残；误工期150日、护理期60日、营养期60日；后续治疗费酌定12200元，金某1为此花费鉴定费1900元。事故发生后，经商定，金某1雇主已向金某1赔付90000元。

【案件焦点】

1. 金某 1 的帮助行为性质认定；2. 金某 1 对自己的损失是否存在过错；3. 金某 1 雇主是否存在过错；4. 金某 1 雇主已付款项是否应在本案中扣减。

【法院裁判要旨】

江西省高安市人民法院经审理认为：金某 1 受其雇主指示，无偿帮助陈某 2，金某 1 与其雇主之间形成提供劳务关系，金某 1 与陈某 2 之间形成义务帮工关系，金某 1 的帮助行为属于义务帮工行为和提供劳务行为的竞合，因此，本案需结合两个法律关系依据过错责任原则判处。

首先，金某 1 按照雇主指示帮助陈某 2 拖车，因陈某 2 提供的钢丝绳断裂，导致金某 1 在义务帮工过程中受伤，陈某 2 作为被帮工人，应当承担赔偿责任。其次，金某 1 长期在工地开展推土作业，其在义务帮工过程中未按照推土机安全操作规程佩戴安全帽，未能尽到安全作业义务，且超出固有功能过度使用推土机，其自身应对事故所造成的损失承担相应责任。最后，金某 1 雇主要求金某 1 驾驶推土机为陈某 2 义务拖车，该指示超出推土机的正常使用功能，属于对推土机的过度使用，在义务帮工过程中，其也未要求金某 1 遵守安全操作规程并佩戴安全防护用品，导致金某 1 在义务帮工过程中受伤，其作为雇主对本案事故有过错，应承担相应赔偿责任。事故发生后，金某 1 与其雇主商定，由雇主向其赔付 90000 元（已支付），陈某 2 在庭审中未对该赔偿金额提出异议，视为其对赔偿金额的认可，根据民事赔偿中的“填平”原则，该款应在金某 1 损失中予以扣减。

法院核定金某 1 的各项损失共计 222744.15 元，扣减金某 1 雇主赔偿的 90000 元后，剩余损失为 132744.15 元，根据金某 1 受伤的起因、过程并结合各方过错大小，法院认定由陈某 2 承担 70%，即 92921 元；金某 1 自行承担 30%，即 39823.15 元。

江西省高安市人民法院依照《中华人民共和国民法典》第一千一百六十四条、第一千一百六十五条、第一千一百七十九条、第一千一百八十三条、第一千一百九十二条，《最高人民法院关于审理人身损害赔偿案件适用法律若干问题的解释》第一条、第五条、第六条、第七条、第八条、第九条、第十条、第十一条、第十二条、第十七条、第二十三条和《中华人民共和国民事诉讼法》第六十七条、第一百四十五条之规定，判决如下：

一、陈某2应在本判决生效后三十日内向金某1支付各项损失合计92921元；

二、驳回金某1的其他诉讼请求。

一审判决后，双方当事人均未提出上诉，该判决现已生效。

【法官后语】

本案法律关系较为复杂，处理不当容易失之偏颇。本案裁判思路需厘清以下几点：

一、法律关系的认定——金某1帮助陈某2拖车的行为系义务帮工关系和提供雇佣关系的竞合

雇佣关系，是指雇员向雇主提供劳务，且雇员根据雇主的要求提供相应的劳务，雇主向雇员支付报酬的行为。义务帮工，是指为了满足被帮工人生产或生活的需要，不以追求报酬为目的，没有义务的帮工人为被帮工人无偿提供劳务的行为，是一种没有法定或者约定的义务。

本案中，事故发生当日，金某1受其雇主雇请驾驶推土机在工地上平整土方，双方形成雇佣关系。因工地上陈某2车辆被陷，金某1作为雇员接受雇主指示，无偿帮助陈某2拖车，金某1与陈某2双方形成义务帮工行为。因此，金某1帮助陈某2拖车的行为系义务帮工关系和提供雇佣关系的竞合。至于金某1雇主与陈某2是否形成义务帮工关系，对于本案的处理无关紧要。

在日常生活中，本案中出现的拖车场景较为普遍，是善意友好、互帮互助的有力体现，是大力弘扬中华优秀传统美德的具体实践，但在司法实践中，出现上述法律关系竞合的情况较为少见。

二、赔偿责任主体的确定——两个过错责任归责原则的适用

《最高人民法院关于审理人身损害赔偿案件适用法律若干问题的解释》（法释〔2022〕14号）第五条规定："无偿提供劳务的帮工人因帮工活动遭受人身

损害的，根据帮工人和被帮工人各自的过错承担相应的责任……”《中华人民共和国民法典》第一千一百九十二条第一款规定：“……提供劳务一方因劳务受到损害的，根据双方各自的过错承担相应的责任。”

义务帮工关系中，一般由帮工人和被帮工人根据各自的过错承担责任，如果帮工人不存在过错的，则帮工人不承担责任。本案中，金某1帮助陈某2拖车的行为，系义务帮工关系和提供雇佣关系的竞合，且金某1、金某1雇主、陈某2对事故发生的原因均存在过错，故应当根据本案事实适用上述两个过错责任原则，确认金某1、金某1雇主、陈某2均应对本案承担责任，并根据各方过错大小划分各方承担责任比例，才能最终妥善处理本案。法院并未单独依据义务帮工法律关系在金某1、陈某2之间划分责任，也未单独按照雇佣关系在金某1、金某1雇主之间划分责任，而是将金某1、金某1雇主、陈某2三人当成一个整体划分责任，属本案事故中各方实际过错的真实体现，依法维护各方合法权益。

三、扣减数额的认定——“填平”原则的适用

依据民事侵权赔偿理论，权利人损失多少，侵权人就赔偿多少，这种赔偿是以弥补权利人的损失为目的，全部赔偿之后果即为填平，民事损害赔偿应遵循“填平”原则。本案中，金某1与其雇主商定，由其雇主先行赔偿的90000元，陈某2在庭审中也未提出异议，属于意思自治的体现，且基本符合其雇主应承担的相应责任，法院根据“填平原则”予以扣减符合法律规定。按照本案处理结果，金某1损失共计222744.15元，金某1自行承担39823.15元，折合占比17.9%，陈某2承担92921元，折合占比41.7%，金某1雇主承担90000元，折合占比40.4%，该比例基本符合按照实际过错大小应承担的相应赔偿责任。

编写人：江西省高安市人民法院　胡俊

39

“抬棺人”在送殡途中遇车祸，在交通事故赔偿款执行未果时，能否再要求被帮工人赔偿

——魏某 1 诉张某 2 义务帮工人受害责任案

【案件基本信息】

1. 裁判书字号

湖北省武汉市中级人民法院（2022）鄂 01 民终 18425 号民事判决书

2. 案由：义务帮工人受害责任纠纷

3. 当事人

原告（上诉人）：魏某 1

被告（被上诉人）：张某 2

第三人：徐某 3

【基本案情】

魏某 1 与张某 2 系同村村民，徐某 3 系张某 2 的外甥女婿。魏某 1 与徐某 3 并非同村村民，二人互不相识。

2019 年 1 月 9 日，张某 2 母亲刘某去世，魏某 1、徐某 3 等亲友均前往张某 2 家吊唁并送葬，张某 2 委托殡仪馆负责遗体搬运、灵堂布置、告别仪式、遗体火化等“殡葬一条龙”服务。根据当地风俗，张某 2 请魏某 1 担任管事人，后魏某 1 邀请同村村民彭某、汤某等 8 人一起作为“抬重人”（即“抬棺人”）组成“八大金刚”，主要负责在逝者出殡时抬棺，并在逝者遗体火化后陪同亲属将逝者骨灰送去墓地安葬等事宜，不收取任何费用。

2019年1月11日凌晨6时许，逝者刘某出殡，殡仪馆安排车辆及人员将逝者遗体运往殡仪馆火化，张某2作为家属乘坐灵车送殡，“八大金刚”当时在出殡现场但并未抬重，后张某2亲友自发开车前往殡仪馆送行，魏某1、彭某、汤某等四人遂搭乘徐某3驾驶的鄂AE3××5小型普通客车前往殡仪馆，途中与鄂ALE××6号车发生交通事故，造成魏某1等人受伤及车辆受损。经交警大队认定，徐某3负此事故的主要责任。魏某1受伤后住院治疗，花费医药费34199.71元。经鉴定，魏某1的损伤构成九级伤残，后续治疗费3000元，伤后误工150天，伤后护理70天，营养期90天。魏某1为此支付法医鉴定费2300元。鄂AE3××5号车系案外人周某所有，徐某3系在借用该车期间发生此交通事故。

2019年9月27日，魏某1向武汉市黄陂区人民法院提起机动车交通事故责任纠纷诉讼，该院于2019年12月17日作出民事判决，判令保险公司在交强险责任限额内赔偿其损失29500元，在商业三责险责任限额内赔偿其损失54179.63元，判令徐某3赔偿其经济损失126419.15元。后因徐某3未履行判决确定的给付义务，魏某1向武汉市黄陂区人民法院申请强制执行，但因暂无财产可供执行，故该院终结本次执行程序。

2022年1月12日，魏某1提起诉讼，以其与张某2构成无偿帮工关系为由，要求张某2向其赔偿126419.15元。审理中，张某2否认其与魏某1存在义务帮工关系，并拒绝赔偿魏某1任何费用，并认为本案已超过诉讼时效，且构成重复诉讼。

【案件焦点】

1. 本案是否构成重复诉讼，是否违反“一事不再理”原则；2. 原、被告之间是否构成义务帮工关系；3. 本案是否超过诉讼时效期间。

【法院裁判要旨】

湖北省武汉市东西湖区人民法院认为：首先，魏某1先以徐某3为被告之一提起机动车交通事故责任纠纷（以下简称前诉），后因赔偿款未执行到位又以张某2为被告提起义务帮工人受害责任纠纷（以下简称后诉），后诉与前诉的当事人并不相同，两者的法律关系性质亦不相同，故本案未违反“一事不再理”原则，不构成重复起诉。

其次，本案诉讼时效应从确定伤残等级之日即2019年5月10日起算为宜，至魏某1提起本案诉讼时，并未超过三年的诉讼时效期间，故本案未超过诉讼时效。

最后，张某2的母亲去世后，魏某1按照当地风俗帮张某2邀请了包括自己在内的同村村民一起作为“抬重人”组成“八大金刚”参与抬棺、送殡，张某2系魏某1等人帮忙行为的受益人，相互间可构成义务帮工关系。魏某1在帮工途中因第三人的行为遭受身体损害，其有权请求被帮工人予以适当补偿。综合本案实际情况，法院酌定张某2在15%范围内补偿魏某1损失18962.87元。

湖北省武汉市东西湖区人民法院依照《中华人民共和国民法典》第六条、第一百八十八条、第一百九十五条，《最高人民法院关于审理人身损害赔偿案件适用法律若干问题的解释》第五条、第二十四条，《中华人民共和国民事诉讼法》第一百四十七条和《最高人民法院关于适用〈中华人民共和国民事诉讼法〉的解释》第九十条、第二百四十七条之规定，判决如下：

一、张某2于本判决生效之日起十日内补偿魏某1损失18962.87元；

二、驳回魏某1的其他诉讼请求。

魏某1不服一审判决，提起上诉。

湖北省武汉市中级人民法院同意一审法院裁判意见，判决：驳回上诉，维持原判。

【法官后语】

义务帮工是一种无偿、短期、自愿或应他人邀请而为他人提供劳务的民间互助行为。人与人之间互相帮助、互相关心的行为，是应值得倡导和弘扬的中华民族传统美德。张某2、魏某1本系同村好友，张某2家中老人去世，魏某1无偿为其担任“抬重人”，本是出于多年同乡及朋友情谊，但其在前往殡仪馆途中不幸遭遇车祸致残，在交通事故赔偿款执行未果时，能否再要求主家即被告赔偿？如果要赔，应如何赔偿？

本案审理的难点之一：魏某1是否为义务帮工人，以及魏某1是否在帮工活动中受伤？

法院认为，虽然张某2辩称其并未请魏某1等人来帮忙，魏某1等人系基于多年感情自发为其亡母送行，但从法院审理查明的事实来看，魏某1等8人虽在逝者出殡时未实际抬棺，但其系以“抬重人”的身份出现在出殡现场，其之所以前往殡仪馆，是因为在逝者遗体火化后，“抬重人”还需陪同亲属将逝者骨灰送去墓地安葬。张某2系魏某1等人帮忙行为的受益人，相互间可构成帮工关系。魏某1乘坐徐某3驾驶的车辆前往殡仪馆帮忙途中发生交通事故而受伤，其前往帮工的行为在整个帮工过程中具有不可分割性，可以认定其系在帮工活动中因第三人的行为遭受人身损害，根据《最高人民法院关于审理人身损害赔偿案件适用法律若干问题的解释》（法释〔2022〕14号）第五条第二款的规定，其有权请求第三人承担赔偿责任，也有权请求被帮工人予以适当补偿。被帮工人补偿后，可以向第三人追偿。

本案审理的难点之二：魏某1已通过诉讼方式向徐某3等直接侵权人主张了赔偿责任后，还能否向主家即张某2主张补偿？

法院认为，侵权损害赔偿应遵循损失填平原则，是以弥补权利人的损失为目的。法院虽已判决徐某3赔偿魏某1的损失126419.15元，但因徐某3无赔偿能力，相关执行案件已终结执行，魏某1的此部分损失并未实际受偿，根据公平原则和公序良俗，被告张某2作为被帮工人仍应在其受益范围内对魏某1未受偿的部分损失予以适当补偿。

本案审理的难点之三：本案诉讼时效应从何时起算？

法院认为，根据《中华人民共和国民法典》第一百八十八条的规定，权利人向人民法院请求保护民事权利的诉讼时效期间为三年。法律另有规定的，依照其规定。诉讼时效期间自权利人知道或者应当知道权利受到损害以及义务人之日起计算。本案中，魏某1受伤后因伤情严重需住院治疗，后经司法鉴定中心鉴定构成伤残，案涉事故发生时，其医疗费、是否构成残疾等尚未确定，损失具体数额无法计算，此时行使损害赔偿请求权还存在客观障碍，故本案诉讼时效应从确定伤残等级之日即2019年5月10日起算为宜，至魏某1提起本案诉讼时，并未超过三年的诉讼时效期间，故魏某1并未丧失胜诉权。

法安天下，德润人心。司法裁判对社会活动起着教育、评价、指引、规范的导向作用。本案将弘扬社会主义核心价值观融入执法办案的全过程，以“小案件”阐释“大道理”，使司法裁判的价值目标、价值取向、价值追求更加鲜明，用法治传递正能量，推动社会主义核心价值观传播到每个村社网络，浸润到每个群众心中，让群众有温暖、有遵循、有保障，以公正裁判树立行为规则，引领社会风尚，努力让人民群众在每一个司法案件中感受到公平正义。

编写人：湖北省武汉市东西湖区人民法院　屠俊霞

40

义务帮工人受害责任纠纷中基础法律关系及赔偿责任的认定

——廖某某等诉杨某某等义务帮工人受害责任案

【案件基本信息】

1. 裁判书字号

安徽省淮南市中级人民法院（2022）皖04民终1796号民事判决书

2. 案由：义务帮工人受害责任纠纷

3. 当事人

原告（被上诉人）：廖某某、陈甲、陈乙、陈丙

被告（上诉人）：杨某某、杨某1、秦某某

被告（被上诉人）：陈某2

【基本案情】

陈某3系廖某某之夫，陈甲、陈乙、陈丙的父亲。杨某某（2006年生）系在校学生，杨某1、秦某某系杨某某父母。杨某某租住陈某2位于该市田家庵区某村自建房四层房屋（共计五层）。

2021年9月2日12时许，杨某某放学后因门锁打不开找到房东陈某2。陈某2也未打开门锁。后陈某2让杨某某去找同村陈某3来开锁。陈某3到现场后也未打开门锁，便对陈某2说，按老办法开锁，随后回家取来保险绳等工具。陈某3与陈某2、杨某某来到五层，将绳索一端拴在一根木棍上，一端拴在自己身上，将木棍横至五层窗户，让陈某2、杨某某踩在木棍上，确保自己安全。陈某3在从五层窗户下行过程中坠落，被送往医院，经抢救无效死亡，花去医疗费用1273.69元。

另查明：陈某3系田家庵区某村居民，不具有开锁专业资质，未设开门锁的店面或摊位。事发当天为杨某某开锁，也未收取任何费用。

本案立案时，原告仅陈甲一人。经查明，死者陈某3的第一顺位继承人中，还有廖某某、陈乙、陈丙。法院遂依法追加三人为原告参加诉讼。本案在审理过程中，陈甲申请追加陈某2为共同被告，法院依法予以准许并通知其参加诉讼。

【案件焦点】

1. 本案基础法律关系是义务帮工关系还是承揽合同关系；2. 对于陈某3在开锁过程中坠楼身亡，赔偿责任如何认定。

【法院裁判要旨】

安徽省淮南市田家庵区人民法院经审理认为：关于争议焦点一，根据法律规定，义务帮工关系与承揽合同关系之间区别主要表现为单务还是双务、无偿

还是有偿。本案中，杨某某因租赁房屋门锁打不开找到同村的陈某3，陈某3不具有开锁资质，未设开门锁的店面或摊位，当事人亦未提供陈某3在本次开锁中要求收取开锁费用的证据，故陈某3为杨某某开锁属于无偿，本案不符合承揽合同关系特征，本案基础法律关系应为义务帮工关系。关于争议焦点二，《最高人民法院关于审理人身损害赔偿案件适用法律若干问题的解释》第五条规定，无偿提供劳务的帮工人因帮工活动遭受人身损害的，根据帮工人和被帮工人各自的过错承担相应的责任。帮工人在帮工活动中因第三人的行为遭受人身损害的，有权请求第三人承担赔偿责任。本案中，陈某3并非职业开锁人，在帮工过程中采取从五楼窗户下行至四楼窗户入室开锁的方式，其主观应当意识到会发生危险，且客观上实施了危险帮工行为，最终造成人身伤害的后果，对本案发生具有重大过错，应承担主要责任（70%）。杨某某事发时系限制民事行为能力人，本案发生时间为杨某某放学期间，其父母不在现场，未尽到监护职责，应当承担次要责任（10%）。案发的起因系陈某2出租的房屋门锁无法打开，其要求杨某某去找陈某3开锁，且对于陈某3以危险方式实施帮工行为未予阻止，并提供帮助，应当承担次要责任（20%）。

安徽省淮南市田家庵区人民法院依照《中华人民共和国民法典》第七百七十条、第一千零四条、第一千一百六十五条，《最高人民法院关于审理人身损害赔偿案件适用法律若干问题的解释》第五条、第七条、第八条、第九条、第十条、第十一条、第二十二条，《中华人民共和国民事诉讼法》第六十七条之规定，判决如下：

一、杨某某、杨某1、秦某某赔偿廖某某、陈甲、陈乙、陈丙72419.9元；

二、陈某2赔偿廖某某、陈甲、陈乙、陈丙144839.8元；

三、驳回廖某某、陈甲、陈乙、陈丙的其他诉讼请求。

杨某某、杨某1、秦某某不服一审判决，提出上诉。

安徽省淮南市中级人民法院经审理认为：根据已查明事实，陈某3并不具有开锁资质，未设开门锁的店面或摊位，亦无证据证明陈某3在本次开锁中要求支付开锁费用或双方对开锁费用作出约定，故本案不符合承揽合同关系特征，一审认定本案基础法律关系为义务帮工并无不当。在陈某3以危险方式从五层窗户下行时，被帮工人杨某某在现场未进行阻止，且帮助陈某3固定拴绳子的木棍，一审考虑到杨某某系限制民事行为能力人，其父母杨某1、秦某某作为监护人在杨某某放学期间未在现场尽到监护职责等情况，酌定杨某某、杨某1、秦某某承担10%的赔偿责任并无不当。综上，杨某某、杨某1、秦某某的上诉请求不能成立，应予驳回。一审判决认定事实清楚，适用法律正确，应予维持。

安徽省淮南市中级人民法院依照《中华人民共和国民事诉讼法》第一百七十七条第一款第一项规定，作出如下判决：

驳回上诉，维持原判。

【法官后语】

义务帮工是社会生活中常有的现象。邻里朋友之间互帮互助、团结友善的良好道德风尚对于促进社会和谐具有积极意义，应当予以肯定和鼓励。本案是一起帮工人在帮工活动中坠楼身亡引发的赔偿纠纷。本案主要有两个争议焦点：一是本案基础法律关系是义务帮工关系还是承揽合同关系；二是对于陈某3在开锁过程中坠楼身亡，赔偿责任如何认定。

一、义务帮工关系与承揽合同关系的区别和认定

当事人之间属于何种法律关系直接影响适用法律、归责原则和赔偿责任的确定，对当事人合法权益影响甚大，往往会成为案件争议焦点。义务帮工关系是指为了帮助被帮工人生产和生活需要，帮工人不以追求报酬为目的，无偿为被帮工人提供劳务。义务帮工关系是单务、无偿的，即帮工人一方负担义务，不需要被帮工人负担给付义务。承揽合同关系是承揽人按照定作人的指示完成工作，交付工作成果，定作人支付报酬的法律关系。承揽合同关系属于双务、有偿的。由此可见，义务帮工关系与承揽合同关系之间的区别主要在于单务还是双务、无偿还是有偿。本案中，陈某3并非职业开锁人，未设开锁店面或铺

位，且在庭审过程中，双方也未提供陈某3要求收取开锁费用的相关证据，本案不符合承揽合同关系的特征，本案基础法律关系应认定为义务帮工关系。

二、义务帮工关系中赔偿责任的认定

根据《最高人民法院关于审理人身损害赔偿案件适用法律若干问题的解释》(法释〔2022〕14号）第五条“无偿提供劳务的帮工人因帮工活动遭受人身损害的，根据帮工人和被帮工人各自的过错承担相应的责任；被帮工人明确拒绝帮工的，被帮工人不承担赔偿责任，但可以在受益范围内予以适当补偿。帮工人在帮工活动中因第三人的行为遭受人身损害的，有权请求第三人承担赔偿责任，也有权请求被帮工人予以适当补偿。被帮工人补偿后，可以向第三人追偿”的规定，义务帮工关系适用过错责任归责原则。关于过错的认定应当根据当事人的注意义务进行考量，综合各自过错程度以及对损害发生的原因力大小确定赔偿责任的比例。具体到本案：关于陈某3的责任：陈某3并非职业开锁人，在帮工过程中采取从五楼窗户下行至四楼窗户入室开锁的方式，其主观应当预见到会发生危险，客观上实施了危险帮工行为，最终造成人身伤害的后果，对本案发生具有重大过错，应承担主要责任。关于杨某某、杨某1、秦某某的责任：在陈某3从五楼窗户下行时，被帮工人杨某某未进行阻止，并帮助陈某3固定拴绳子的木棍，考虑到杨某某事发时系限制民事行为能力人，本案发生时间为杨某某放学期间，其父母未尽到监护职责，应当承担次要责任。关于陈某2的责任：案发的起因系陈某2出租的房屋门锁打不开，且其对于陈某3以危险方式实施帮工行为未予阻止，并积极配合，应当承担次要责任。结合本案的案情，法院确认陈某3对自身坠落死亡承担主要责任（70%)；被告杨某某、杨某1、秦某某承担次要责任(10%)，陈某2承担次要责任（20%)。

综上，人民法院首先对当事人争议的案件基础法律关系进行甄别，再根据本案认定的义务帮工关系精准定位所适用法律（《最高人民法院关于审理人身损害赔偿案件适用法律若干问题的解释》第五条）以及归责原则（过错责任原则）。关于过错的认定则根据当事人的注意义务进行考量，综合各自过错程度以及对损害发生的原因力大小确定赔偿责任的比例。本案的审理为法院今后妥善审理类似案件厘清了裁判思路，值得借鉴。

编写人：安徽省淮南市田家庵区人民法院 周桂芳 汪涛 魏宁

41

物业工作人员到其他单位义务帮工受伤情形下的责任承担

——张某某诉某物业管理有限公司等义务帮工人受害责任案

【案件基本信息】

1. 裁判书字号

山东省淄博市中级人民法院（2022）鲁03民终2786号民事判决书

2. 案由：义务帮工人受害责任纠纷

3. 当事人

原告（被上诉人）：张某某

被告（上诉人）：某物业管理有限公司、某养老服务有限公司

被告（被上诉人）：某居民委员会、王某甲

【基本案情】

张某某受雇于某物业管理有限公司从事电路维修工作，2021年6月1日，王某某通知张某某到某居民委员会与某养老服务有限公司合作成立的长者食堂维修线路，并将此事告知某居民委员会工作人员王某甲。张某某接到该通知后，忙完手头的活儿就立即和某物业管理有限公司同事钟某一起到长者食堂维修线路，自2021年6月1日起工作至6月4日止，每天均是先干完物业安排的工作

再去长者食堂维修线路。维修线路期间，长者食堂不向张某某支付劳务报酬，仅是让张某某帮忙购买电线等线路器材，张某某系义务为长者食堂提供线路维修服务。长者食堂位于某小区沿街商业店铺，由某居民委员会免费为其提供房屋，不属于某物业管理有限公司提供物业服务的范围，亦不向某物业管理有限公司交纳物业费。6月4日，张某某在工作中左脚受伤，后被送至市中心医院治疗。

【案件焦点】

物业工作人员到其他单位义务帮工受伤情形下的责任承担。

【法院裁判要旨】

山东省淄博市张店区人民法院经审理认为：某居民委员会与某养老服务有限公司合作开办长者食堂，所使用的房屋为某小区内的共用设施，依据某物业管理有限公司与社区签订的《物业管理服务合同》，长者食堂所用房屋在某物业管理有限公司的服务范围内，某物业管理有限公司有义务积极履行物业管理服务职责。张某某系某物业管理有限公司的工作人员，双方之间形成劳务关系，工作期间与公司同事到某养老服务有限公司开办的长者食堂进行维修，系履行某物业管理有限公司的职务行为，其在从事劳务活动中遭受人身损害，某物业管理有限公司应当承担赔偿责任。张某某作为提供劳务的一方，未尽到谨慎注意义务，自身应负有一定过错。某养老服务有限公司作为受益方，未为张某某提供安全的工作条件，未尽到对张某某的安全保障义务，对损害的发生负有一定过错。结合本案实际情况，法院酌定由张某某自行负担25%的责任，由某物业管理有限公司负担50%的赔偿责任，由某养老服务有限公司负担25%的赔偿责任。

山东省淄博市张店区人民法院依照《中华人民共和国民法典》第一千一百七十三条、第一千一百七十五条、第一千一百七十九条、第一千一百八十三条，《最高人民法院关于审理人身损害赔偿案件适用法律若干问题的解释》（法释

〔2020〕17号）第六条、第七条、第八条、第九条、第十条、第十一条、第十二条、第十六条、第十七条的规定，判决如下：

一、某物业管理有限公司于判决生效之日起十日内赔偿张某某医疗费、住院伙食补助费、残疾赔偿金、误工费、护理费、营养费、鉴定费、交通费、精神损害抚慰金共计59275.07元；

二、某养老服务有限公司于判决生效之日起十日内赔偿张某某医疗费、住院伙食补助费、残疾赔偿金、误工费、护理费、营养费、鉴定费、交通费、精神损害抚慰金共计40833.41元；

三、驳回张某某的其他诉讼请求。

淄博某物业管理有限公司、某养老服务有限公司不服一审判决，提起上诉。

山东省淄博市中级人民法院经审理认为：虽然张某某系某物业管理有限公司、维修人员，受雇于某物业管理有限公司，但受某居民委员会指派到长者食堂帮忙维修线路，且不收取任何报酬，张某某系无偿提供劳务的帮工人，长者食堂的管理人某养老服务有限公司系接受张某某无偿劳务的被帮工人，张某某与某养老服务有限公司之间形成义务帮工法律关系。本案中，张某某在为某养老服务有限公司维修长者食堂的线路时不慎从梯子上摔下受伤，其作为电工作业资质持有人，未尽到谨慎注意义务，自身应当承担40%的责任；某养老服务有限公司作为被帮工人未尽到对在其经营场所内维修人员的维修安全保护义务，对损害的发生也存在过错，应承担60%的赔偿责任，即97040.19元（161733.65元×60%）。张某某对损害的发生自身存在过错，其主张精神损害抚慰金于法无据，法院不予支持。据此，

山东省淄博市中级人民法院依照《最高人民法院关于审理人身损害赔偿案件适用法律若干问题的解释》第五条、《山东省物业管理条例》第五十六条、《中华人民共和国民事诉讼法》第一百七十七条第一款第二项规定，判决如下：

一、撤销一审民事判决第一项、第三项，即："一、某物业管理有限公司于判决生效之日起十日内赔偿张某某医疗费、住院伙食补助费、残疾赔偿金、

误工费、护理费、营养费、鉴定费、交通费、精神损害抚慰金共计 59275.07 元；三、驳回张某某的其他诉讼请求”。

二、变更一审民事判决第二项为：某养老服务有限公司于判决生效之日起十日内赔偿张某某医疗费、住院伙食补助费、残疾赔偿金、误工费、护理费、营养费、鉴定费、交通费共计 97040.19 元。

三、张某某返还某物业管理有限公司医疗费垫付款 22191.76 元。

四、驳回张某某的其他诉讼请求。

【法官后语】

本案涉及的主要问题在于，物业工作人员到其他单位义务帮工受伤情形下的责任应如何正确认定。

俗话说，“远亲不如近邻”，在平时的日常生活中，我们常常会因有事而找人帮忙，经常存在这种善意的义务帮工，不仅满足共同抵御社会风险的需要，也彰显了中华民族的传统美德。从公众一般认知来讲，这种帮忙是为他人无偿提供劳务的行为，这种帮忙行为是不计报酬、自愿付出的，是邻里团结的一种体现。这在法律上则属于义务帮工的范畴，其中提供帮助的一方为帮工人，接受帮助的一方为被帮工人。在帮工过程中有时会造成人身损害，由此造成的损害赔偿的责任承担问题也成了司法实践中的争议焦点。本案即如此，因而厘清义务帮工情形下的责任承担有利于司法实践中正确处理此类案件。

《中华人民共和国民法典》颁布以后，最高人民法院于 2020 年、2022 年两次修正了包括《最高人民法院关于审理人身损害赔偿案件适用法律若干问题的解释》（以下简称《人身损害赔偿解释》）在内的相关司法解释。《人身损害赔偿解释》第五条规定：“无偿提供劳务的帮工人因帮工活动遭受人身损害的，根据帮工人和被帮工人各自的过错承担相应的责任；被帮工人明确拒绝帮工的，被帮工人不承担赔偿责任，但可以在受益范围内予以适当补偿。帮工人在帮工活动中因第三人的行为遭受人身损害的，有权请求第三人承担赔偿责任，也有权请求被帮工人予以适当补偿。被帮工人补偿后，可以向第三人追偿。”义务帮工是指帮工人为满足被帮工人的生产、生活需求而无偿为其提供劳动或者劳务的行为，具有无偿性、临时性、互助性合意性等特点。从司法实务来看，帮工人因帮工活动遭受人身损害的，根据《人身损害赔偿解释》第五条第一款的规定，被帮工人的损害责任应当由帮工人与被帮工人各自的过错承担。因帮工活动系无偿的，被帮工人有义务采取必要的安全措施对帮工人提供必要的安全工作条件，尽到安全保护义务，被帮工人未履行上述义务造成损害的，应当认定其存在过错并依据过错原则承担一定的民事赔偿责任。同时帮工人作为完全民事行为能力人，对帮工活动的内容应当了解，并采取适当的帮工方式，在帮工活动中负有自我保护、注意安全义务，未尽到谨慎注意义务操作不当致使自身遭受损害的，应和被帮工人一起依据各自的过错程度按照比例承担责任。被帮工人明确拒绝帮工的，被帮工人不承担赔偿责任，在收益范围内予以适当补偿。现实生活当中，助人为乐系中华民族的优良传统，也是社会所倡导的正能量、好风尚，帮工人的帮工行为实际为被帮工人创造了现实收益，作为受益人，根据公平责任原则，无过错责任产生的纠纷，被帮工人可以基于受益事实的存在，承担一定的补偿责任，将民事责任公平地由无过错的双方当事人“分担”，这样的处理方式既解决了公平责任原则与无过错责任原则在侵权行为体系中存在的空白，又为更多的人选择帮助他人、乐于帮助他人形成一个正确的价值观导向，具有最佳的价值导向作用。

本案中，长者食堂系由某居民委员会与某养老服务有限公司合作成立，坐落于某小区沿街商业店铺，不属于某小区共用设施用房，亦不属于某物业管理有限公司的服务管理范围。虽然张某某系某物业管理有限公司维修人员，受雇于某物业管理有限公司，但受某居民委员会指派到长者食堂帮忙维修线路，且不收取任何报酬，张某某系无偿提供劳务的帮工人，长者食堂的管理人某养老服务有限公司系接受张某某无偿劳务的被帮工人，张某某与某养老服务有限公司之间形成义务帮工法律关系。张某某在为某养老服务有限公司维修长者食堂的线路时不慎从梯子上摔下受伤，其作为电工作业资质持有人，未尽到谨慎注意义务，自身应当承担40%的责任；某养老服务有限公司作为被帮工人未尽到对在其经营场所内维修人员的维修安全保护义务，对损害的发生也存在过错，应承担60%的赔偿责任。张某某对损害的发生自身存在过错，其主张精神损害抚慰金于法无据，依法不予支持。

编写人：山东省淄博市张店区人民法院　刘晓辉

山东省淄博市中级人民法院　荣明潇

ISBN 978-7-5216-4349-7

9 787521 643497 >

图书在版编目（CIP）数据

中国法院2024年度案例．提供劳务者受害责任纠纷/国家法官学院，最高人民法院司法案例研究院编．—北京：中国法制出版社，2024.5

ISBN 978-7-5216-4349-7

Ⅰ．①中…　Ⅱ．①国…　②最…　Ⅲ．①劳动合同-经济纠纷-案例-汇编-中国　Ⅳ．①D920.5

中国国家版本馆CIP数据核字（2024）第054090号

策划编辑：李小草　韩璐玮（hanluwei666@163.com）
责任编辑：韩璐玮　　封面设计：李宁

中国法院2024年度案例．提供劳务者受害责任纠纷

ZHONGGUO FAYUAN 2024 NIANDU ANLI. TIGONG LAOWUZHE SHOUHAI ZEREN JIUFEN

编者/国家法官学院，最高人民法院司法案例研究院
经销/新华书店
印刷/三河市紫恒印装有限公司
开本/730毫米×1030毫米　16开　　印张/13　字数/156千
版次/2024年5月第1版　　2024年5月第1次印刷

中国法制出版社出版
书号 ISBN 978-7-5216-4349-7　　定价：68.00元

北京市西城区西便门西里甲16号西便门办公区
邮政编码：100053　　传真：010-63141600
网址：http：//www.zgfzs.com　　**编辑部电话：010-63141784**
市场营销部电话：010-63141612　　**印务部电话：010-63141606**

（如有印装质量问题，请与本社印务部联系。）